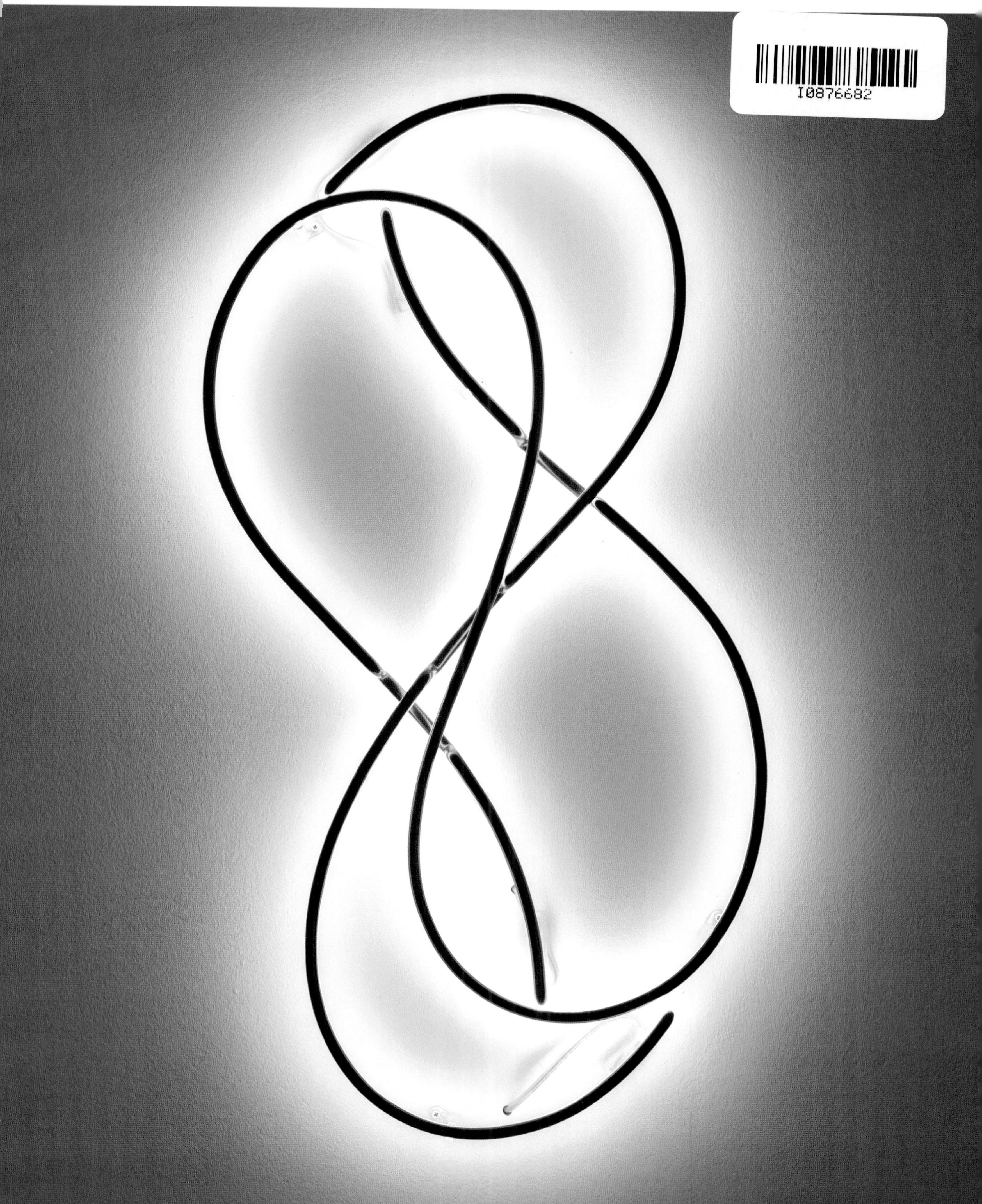

Cerith Wyn Evans
Forms in Space...through Light (in Time)
Formas no Espaço...através da Luz (no Tempo)

MAAT – Museu de Arte, Arquitetura e Tecnologia

Hurtwood

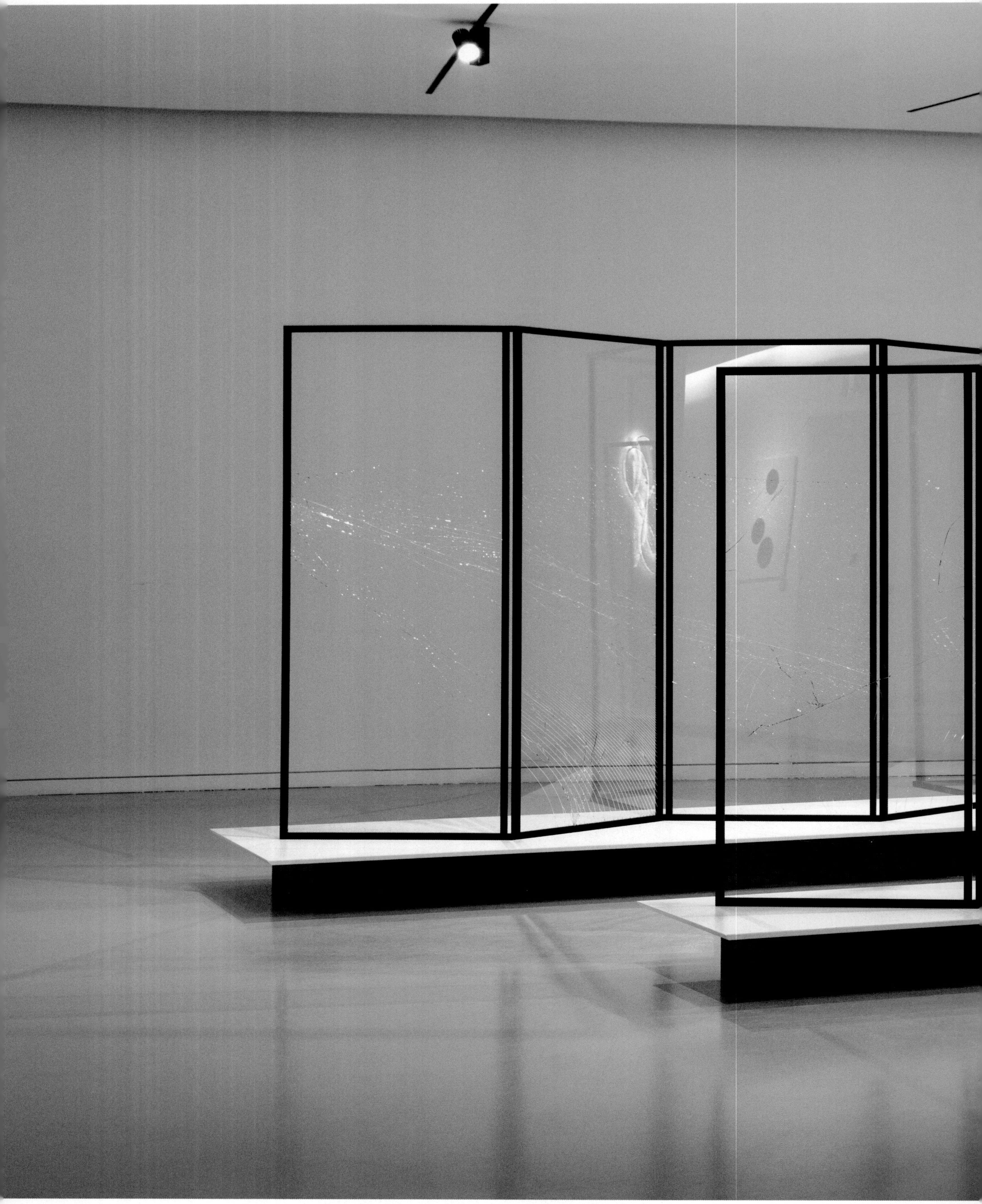

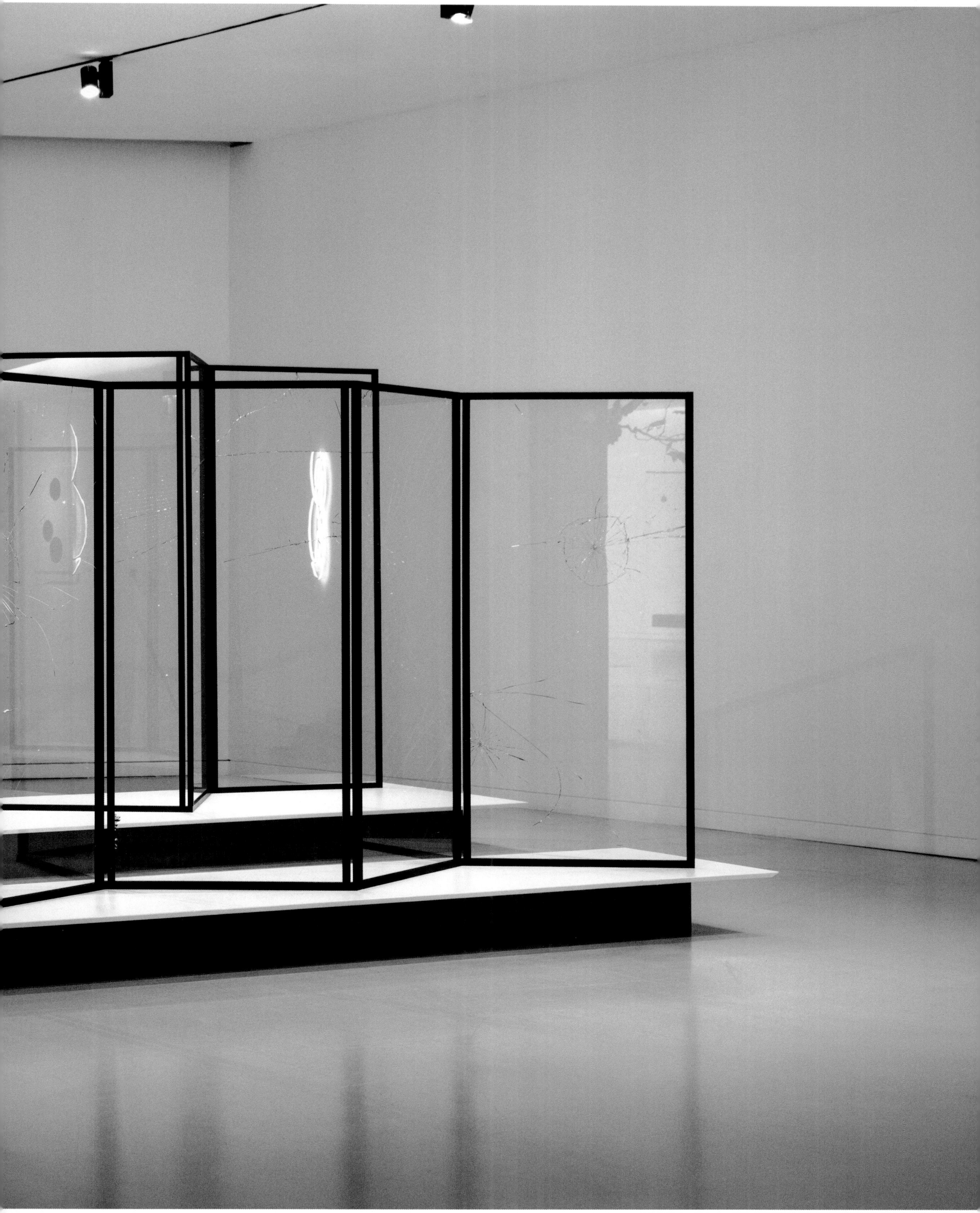

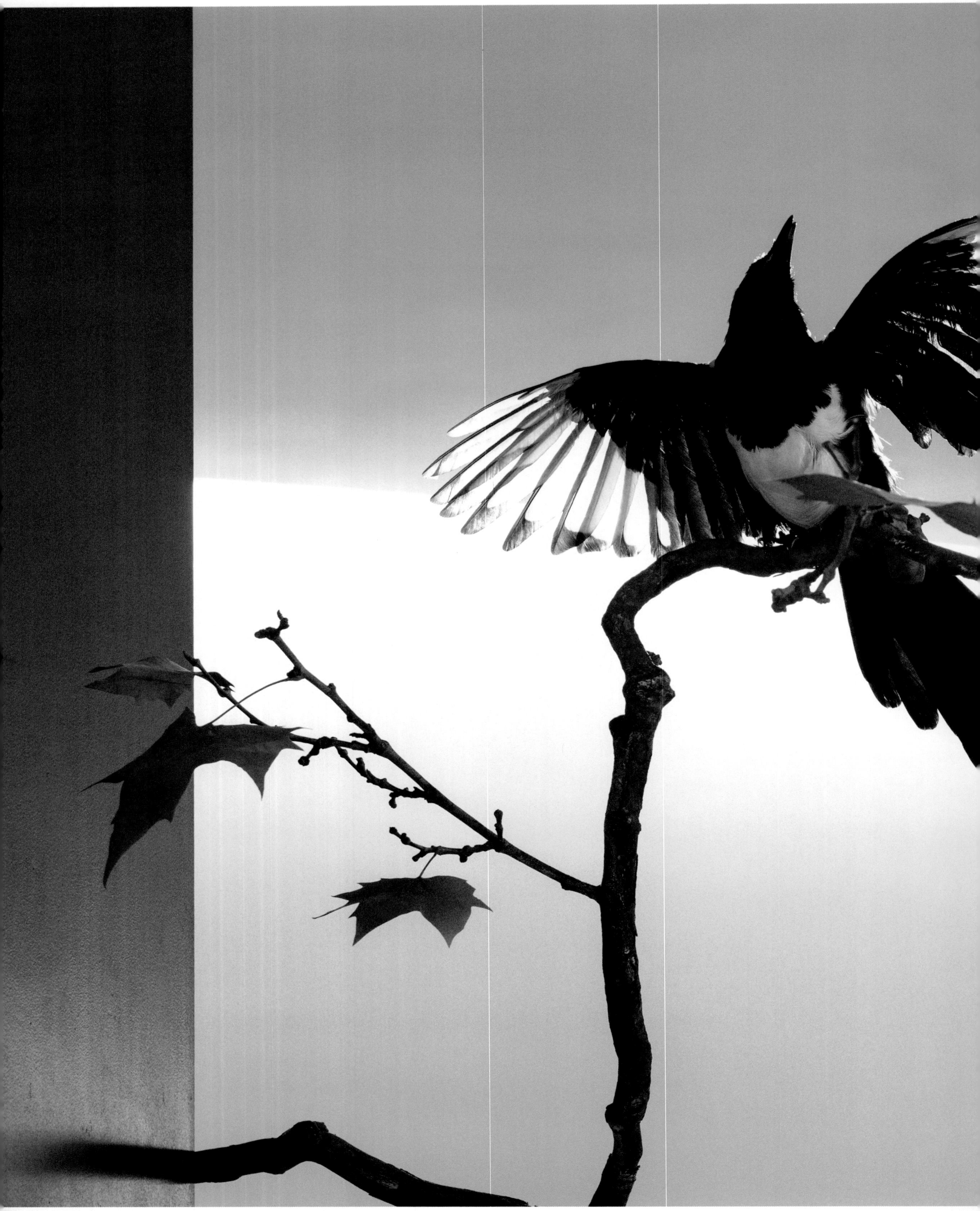

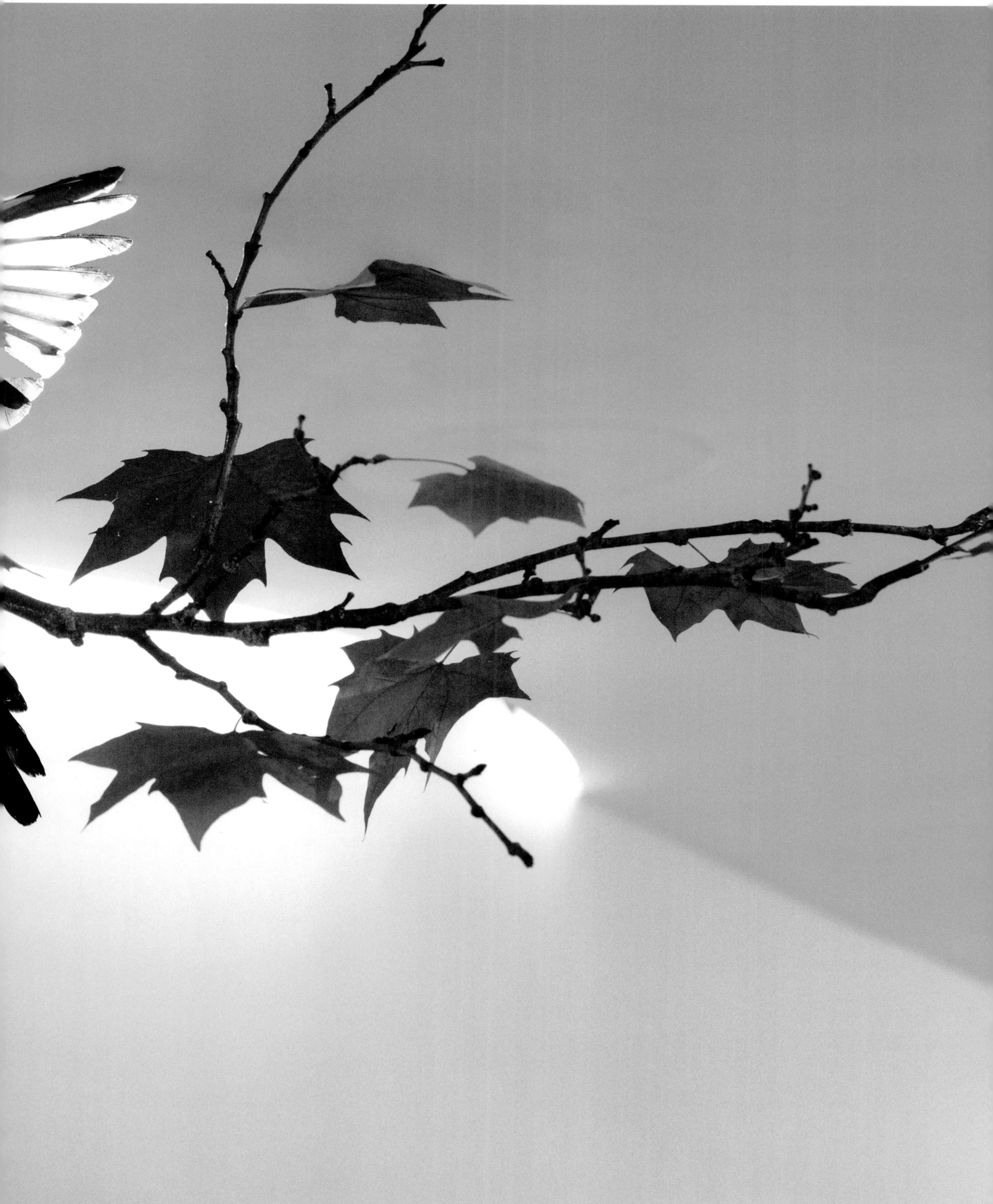

I find a certain space of genuine integrity in the concept of doubting the material world, of doubting perception.[1]
Cerith Wyn Evans

… passages to another place

… passagens para outro lugar

Sérgio Mah

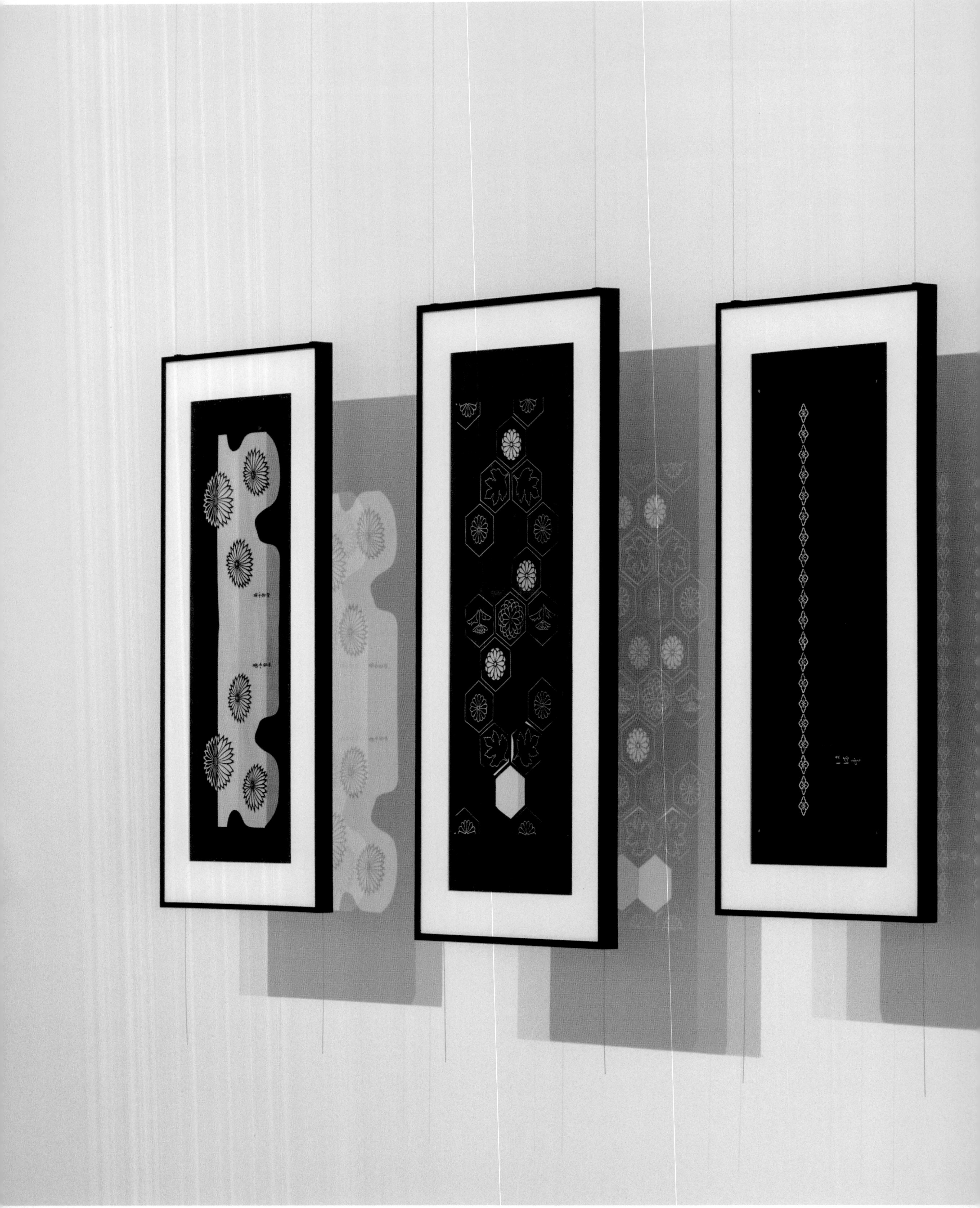

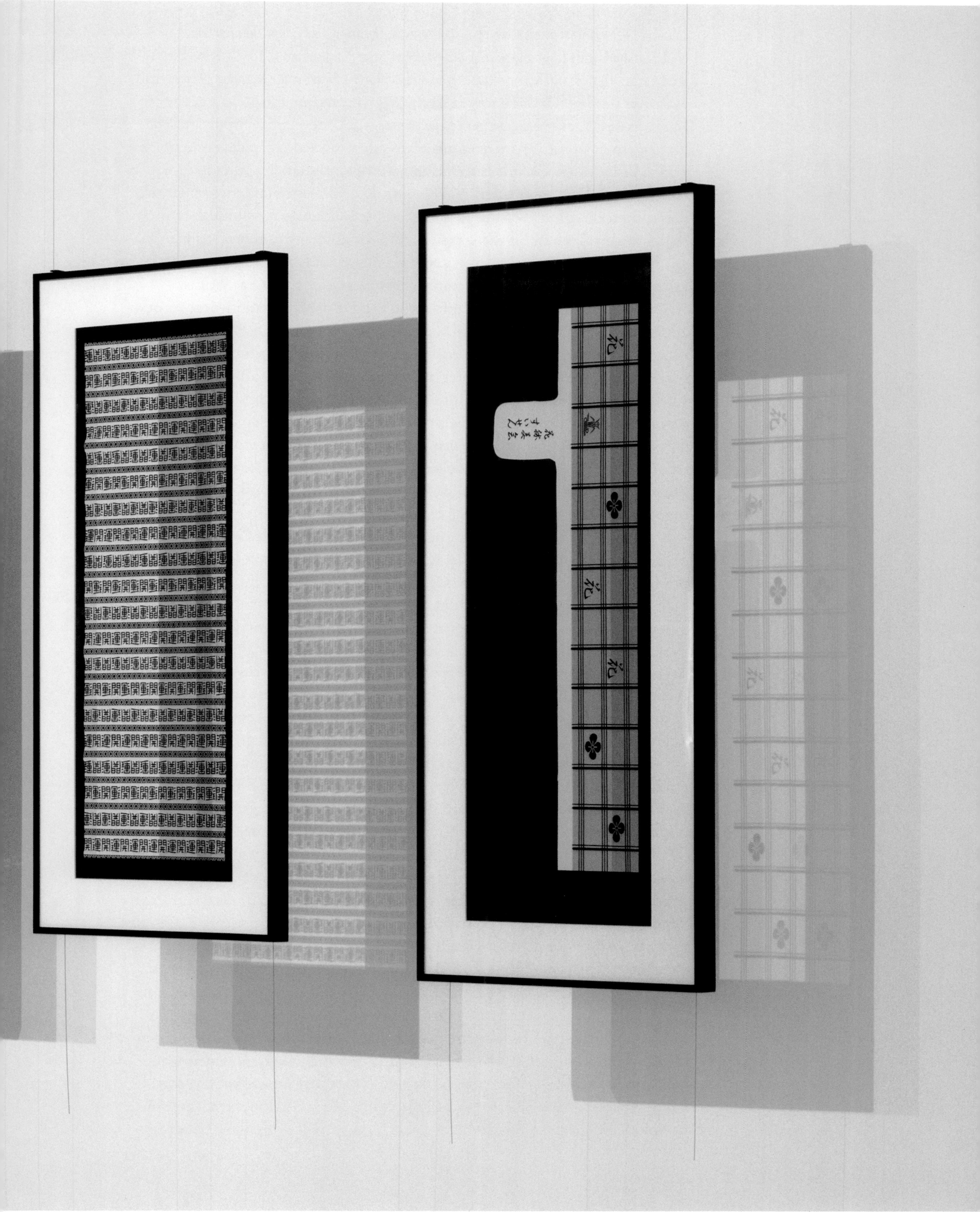

Sounding Félix (incarnation MAAT*)*, S=U=T=R=A, *Forms in Space...by Light (in Time)*, *Folds...in shade (also light and shade)*, *StarStarStar/Steer (Transphoton)*, IN GIRUM IMUS NOCTE ET CONSUMIMUR IGNI, *Neon after Stella*, *Mobius Strip* e *Katagami Screens* são os títulos de algumas das obras de Cerith Wyn Evans que integram a exposição *Formas no Espaço...através da Luz (no Tempo)*. Estes títulos revelam a importância da linguagem na prática artística, nomeadamente o jogo com as palavras e com a pontuação gráfica, criando intermissões, desvios e elipses. O resultado é frequentemente um efeito enigmático, não no sentido de um estreitamento semântico, mas sobretudo como abertura para um campo de imensas possibilidades, propiciador de dúvidas e ambivalências suscetíveis de animar o potencial da imaginação, o ensejo para ensaiar novos entendimentos, e ainda a remissão para um vasto conjunto de referências literárias, filosóficas, científicas e artísticas.

Com efeito, o trabalho de Cerith Wyn Evans é prolífico em invocações ou alusões a ideias, qualidades estéticas e formulações conceptuais que remetem não só para obras específicas de artistas, poetas e pensadores, como para universos culturais e simbólicos distantes da sua realidade social (Evans nasceu no sul do País de Gales e viveu a maior parte da vida adulta em Londres), como é o caso da sua evidente atração pela cultura japonesa. Este conglomerado de focos de interesse consubstancia um vórtice de transposições profícuas, através da intertextualidade, da citação ou da apropriação de elementos e fragmentos preexistentes (desenhos, objetos, peças musicais, frases), reconfigurados de modo a expandir as ressonâncias formais e poéticas.

Atualmente, podemos dizer que na produção artística de Cerith Wyn Evans predomina a escultura e a instalação, frequentemente envolvendo o uso de dispositivos de luz e de som; porém, são também de destacar a pintura, a fotografia e a imagem em movimento. Embora as fontes e afinidades sejam inúmeras e abrangentes, o envolvimento formativo com a prática e a teoria do filme experimental foi fundamental para o desenvolvimento do seu trabalho subsequente. Tal envolvimento não deve ser subestimado na compreensão da sua trajetória criativa, pois o próprio artista reconhece que a apresentação dos seus filmes já envolvia aspectos escultóricos, performáticos e cenográficos, comprovando a abordagem fluida, porosa e transdisciplinar relativamente à geografia das artes.

Durante a década de 1980, Cerith Wyn Evans foi uma figura ativa numa nova tendência cinematográfica britânica, de cariz independente e experimental, que explorou narrativas altamente teatralizadas, transgressivas e extravagantes, corporizando a crescente relevância dos movimentos *queer*. É interessante notar que foi precisamente no interior de um cinema que ocorreu um episódio simultaneamente prenunciador e «alienante» (como descrito pelo artista). Na companhia do seu amigo Leigh Bowery, ao tentar sair da sala de projeção através de uma saída de emergência, Evans ficou preso num espaço intermédio e foi surpreendido com a visão do sinal «EXIT» invertido. Essa imagem dará origem à primeira obra em néon, TIX3, de 1994, ou seja, foi o ponto de partida (ou de saída) para uma série de obras que resultam da tradução de palavras ou frases para esculturas em néon, i.e., a transição do textual para o escultural, reconhecidamente uma das marcas distintivas da prática artística de Evans. Alguns anos mais tarde, surgem mais duas obras significativas, sobretudo pela importância do movimento que denotam, *Mobius Strip* (2006) e IN GIRUM IMUS NOCTE ET CONSUMIMUR IGNI (2008). A segunda é uma frase em latim (que se pode traduzir por «movemo-nos na noite sem saída e somos devorados pelo fogo») e palíndroma – i.e., pode ser

Sounding Félix (incarnation MAAT*)*, S=U=T=R=A, *Forms in Space…by Light (in Time)*, *Folds… in shade (also light and shade)*, *StarStarStar/Steer (Transphoton)*, IN GIRUM IMUS NOCTE ET CONSUMIMUR IGNI, *Neon after Stella*, *Mobius Strip* and *Katagami Screens*: these are some of the works by Cerith Wyn Evans featured in the exhibition *Forms in Space… through Light (in Time)*. Their titles exemplify the importance of language in Evans' artistic practice, particularly his wordplay, and the graphic punctuation that creates interruptions, diversions and ellipses. The result is often enigmatic, not in the sense of semantic narrowing, but rather as an opening onto a vast field of possibilities that generate doubt and ambiguity, fuelling the imagination, providing opportunities to explore new interpretations and referencing a vast array of literary, philosophical, scientific and artistic sources.

Evans' works brim with invocations or allusions to ideas, aesthetic qualities and conceptual formulations that recall not only specific works by artists, poets and thinkers, but also cultural and symbolic universes far removed from his own social reality – as evidenced by his strong attraction to Japanese culture. (Evans was born in South Wales in 1958 and has spent most of his adult life in London.) This constellation of interests forms a vortex of fertile transpositions through intertextuality, quotation and the appropriation of pre-existing elements and fragments (drawings, objects, musical pieces, sentences), which are reconfigured to expand their formal and poetic resonances.

Today, we may say that Evans' practice is dominated by sculpture and installation, often incorporating light and sound devices; however, painting, photography and moving image also play significant roles in his work. Although his sources and inspirations are manifold and wide-ranging, his formative involvement with experimental film practice and theory was fundamental to the development of his later work. This is important to consider when interpreting his creative trajectory, as the artist himself acknowledges that his films incorporated sculptural, performative and scenographic elements, demonstrating a fluid, porous and transdisciplinary approach to the geography of the arts.

During the 1980s, Evans was an active figure in a new, independent and experimental trend within British cinema that explored highly theatricalised, transgressive and extravagant narratives, embodying the growing significance of queer movements. Interestingly, he experienced an episode he describes as both 'prophetic' and 'alienating' in a cinema. While attending a screening with his friend Leigh Bowery, Evans decided to leave via an emergency exit, only to get stuck in a passageway, where he was struck by the sight of the word 'EXIT' reversed. This inspired his first neon work, TIX3 (1994), the entry point (or exit point) for a series of pieces that translate words and sentences into neon sculptures – the transition from the textual to the sculptural that has become a hallmark of his practice. Some years later, two further pieces followed, particularly significant for their sense of movement: *Mobius Strip* (2006) and IN GIRUM IMUS NOCTE ET CONSUMIMUR IGNI (2008). The latter is a Latin palindrome (translatable as 'we wander in the endless night and are consumed by fire'), producing a circular, infinite reading. Evans transposed it into an illuminated form that emphasises the circularity inherent in the sentence. It is also the title of a 1978 film by Guy Debord, whose critical and combative vision Evans metaphorically echoes. Debord was a renegade thinker, writer and filmmaker who, until the very end, rejected the conditions and way of life imposed by consumer society.

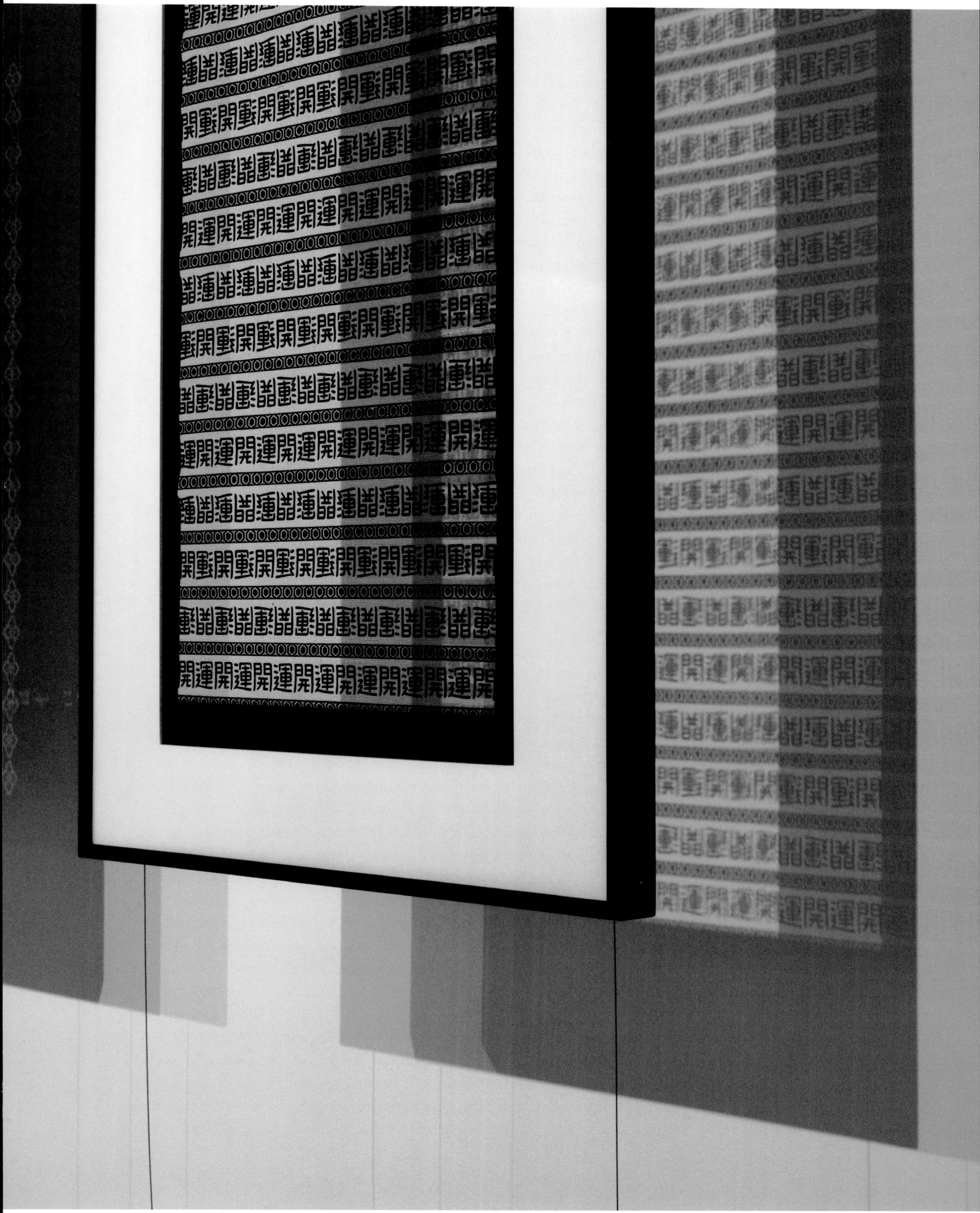

lida da mesma maneira da esquerda para a direita ou da direita para a esquerda, produzindo uma leitura circular e infinita –, que o artista transpõe para um objeto lumínico cuja forma enfatiza a circularidade inerente à própria frase. Por outro lado, é o título de um filme de Guy Debord, lançado em 1978. Evans exprime de forma metafórica a visão crítica e combativa de Debord, um pensador maldito, escritor e cineasta que rejeitou sempre, até ao fim, as condições e o modo de vida associados à sociedade do consumo.

A partir do início dos anos de 2000, o artista produz várias peças em néon com frases apropriadas, como uma parte da letra da canção «Voodoo Child (Slight Return)», de Jimi Hendrix, ou excertos de livros de Marcel Proust e de William S. Burroughs, bem como várias luminárias, com destaque para diversos candelabros em que a iluminação sofre alterações (as luzes acendem-se e apagam-se) ao ritmo que reproduz a cadência de peças musicais ou que transcreve, em código morse, textos literários, filosóficos e científicos. Os candelabros de murano, desenhados e fabricados por uma conceituada e histórica oficina de vidro de Veneza, atestam algumas características persistentes no trabalho de Cerith Wyn Evans: o apreço por elevados padrões de execução e proficiência técnica na produção das suas obras, quer impliquem processos artesanais ou tecnologia avançada; e a articulação entre o refinamento formal e material das peças e uma atitude conceptual que explora associações eruditas, históricas e culturais.

É do conhecimento geral que, enquanto tema, meio e material, a luz se tornou, sobretudo desde as vanguardas das décadas de 1960 e 1970, um motivo preponderante num quadro de novas questões, novas transições e novos processos críticos. Em particular, as opções e as conotações materiais são reveladoras de uma tendência: os artistas passam a absorver e a incorporar um novo elenco de elementos decorrentes de uma produção industrial e tecnológica cada vez mais disseminada nos vários domínios da vida quotidiana. Por outro lado, todas estas formas de transformar e reconfigurar o visível através da matéria luminal, animadas pelas reverberações metafóricas e pelas incontáveis pulsões – da imaginação mais prosaica aos domínios ilimitados e imponderáveis que a arte gera e exponencia, com a mesma natureza dos sonhos, dos delírios e da loucura –, não podem ser dissociadas dos testemunhos do saber acumulado sobre as propriedades da luz, nem da ação imparável de uma genealogia sem fim de dispositivos óticos, destinados a controlar e a mediar o trabalho de representação visual.

Em meados dos anos de 2010, Cerith Wyn Evans expande o uso da luz, em particular do néon, para os domínios da instalação, através de uma ambiciosa conexão cenográfica entre o desenho dos tubos de néon, o espaço e a arquitetura, o que nos traz à memória os seminais *Ambienti Spaziali* que Lucio Fontana iniciou nos finais dos anos de 1940. Em 2015 surgem as primeiras peças da série que intitulou *Neon Forms (after Noh)*, da qual já existem dezasseis declinações. Inspirados nos diagramas *kata*, os desenhos de luz esquematizam os movimentos codificados e precisos da antiga tradição teatral japonesa conhecida como *noh*. As peças *noh* são excecionalmente estilizadas e ritualizadas, incluindo, além dos elementos coreográficos, poesia, cânticos e música lenta e elegante. O palco tende a ser simples, onde o intérprete executa uma variedade de *katas*, a base do vocabulário gestual da dança. Evans traduziu esses antigos diagramas de movimento japoneses para esculturas de luz que enfatizam a coreologia – a prática de transcrever o movimento, como a dança, através de sistemas de notação, como

From the early 2000s onwards, Evans produced further neon works incorporating appropriated sentences, such as the lyrics from Jimi Hendrix's 'Voodoo Child (Slight Return)' and passages from books by Marcel Proust and William S Burroughs. He also created a number of light fittings, among which are chandeliers with lights that switch on and off in rhythms reproducing musical excerpts or transcribing literary, philosophical and scientific texts into Morse code. These Murano chandeliers, designed and manufactured by a renowned historic Venetian glass workshop, evince important recurring characteristics in Evans' work: the value he places on high standards of craftsmanship and technical proficiency, whether involving artisanal processes or advanced technology; and the intersection between formal and material refinement in his work and a conceptual approach that explores erudite, historical and cultural associations.

As a theme, medium and material, light has become a focal point for new questions, transitions and critical processes – particularly since the avant-garde movements of the 1960s and 1970s. The material choices and their connotations, in particular, reveal a trend whereby artists began to absorb and incorporate elements from industrial and technological production increasingly embedded in everyday life. At the same time, none of these methods of transforming and reconfiguring the visible through luminous matter – from the most prosaic imagination to the unlimited and imponderable domains that art generates and exponentiates, with the same nature as dreams, delusions and madness – can be divorced from the accumulated knowledge of light's properties or from the continual proliferation of optical devices designed to control and mediate visual representation.

By the mid-2010s, Evans had expanded his use of light, particularly neon, into the realm of installation art, creating ambitious scenographic connections between neon tubing design, space and architecture. This approach recalls Lucio Fontana's seminal *Ambienti Spaziali* series, begun in the late 1940s. In 2015, Evans produced the first pieces in his *Neon Forms (after Noh)* series, which now comprises sixteen iterations. Inspired by *kata* diagrams, the light drawings schematise the codified and precise movements of the ancient Japanese theatrical tradition of Noh, whose performances are highly stylised and ritualised, combining choreographic elements with poetry, chanting and slow, elegant music. The stage is usually simple, providing a setting for performers to execute a variety of *kata*, the basis of the dance's gestural vocabulary. Evans translated these traditional Japanese movement diagrams into light sculptures, emphasising choreology – the practice of transcribing movement, such as dance, through notational systems comparable to musical scores – while also effecting their transmutation into the physical and spatial realm. These diagrammatic drawings are paradoxical in nature; they are both abstract and representational, depicting a movement yet to be performed. Furthermore, when transposed into the context of an exhibition, they acquire additional performative meanings in an inevitable renewal, as they move further from their original cultural contexts and functions.

A neon tube is an object, but it also serves as a medium for the dissemination of light. In this respect, the potential of light is not limited to its physical and formal qualities, nor is it merely a medium invested with social and cultural meanings – it is also capable of shaping and stimulating the perception of the surrounding space. Spatial ambiguity, sensory experience, fluctuations between two-and three-dimensionality, impermanence and optical illusion, as well as

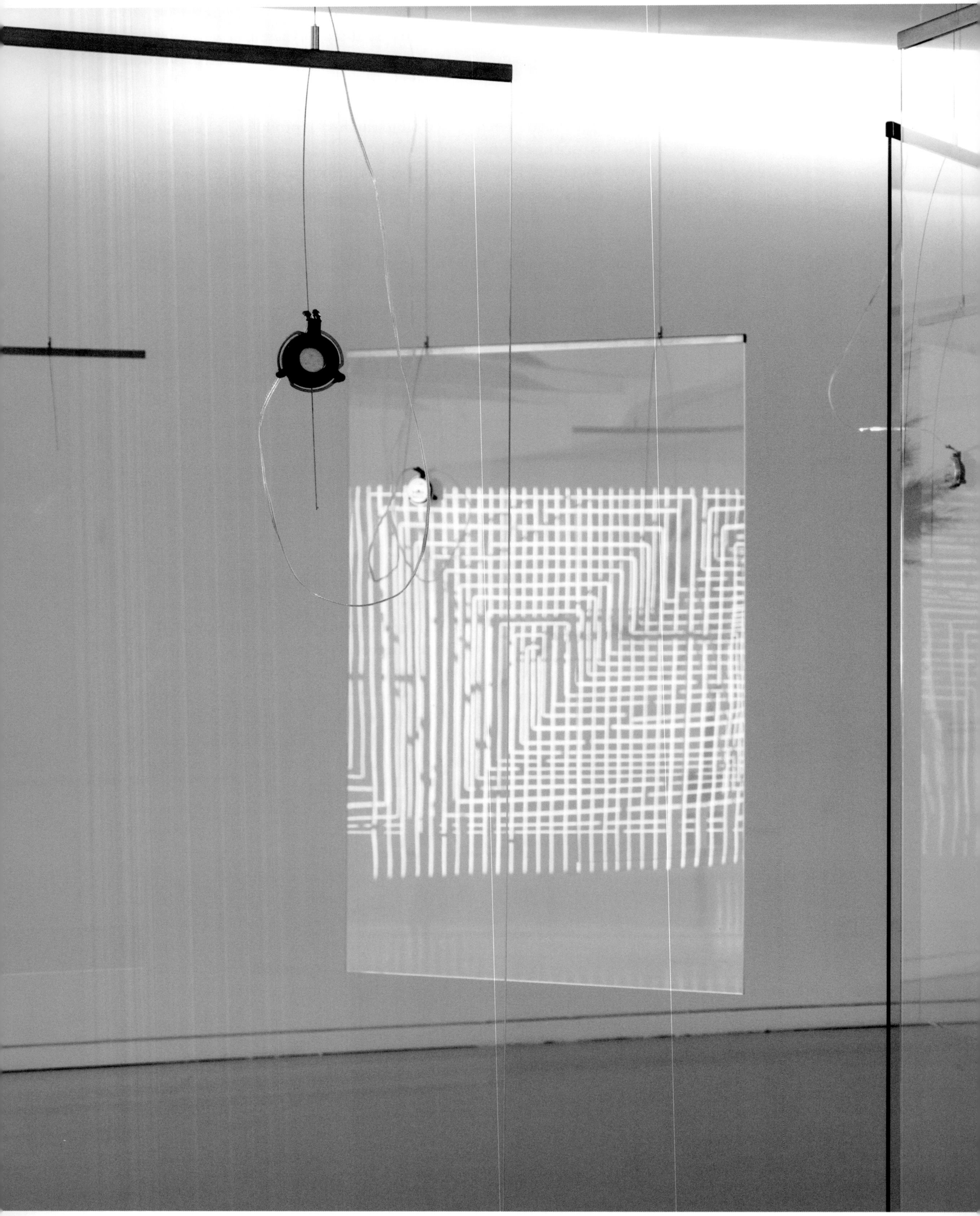

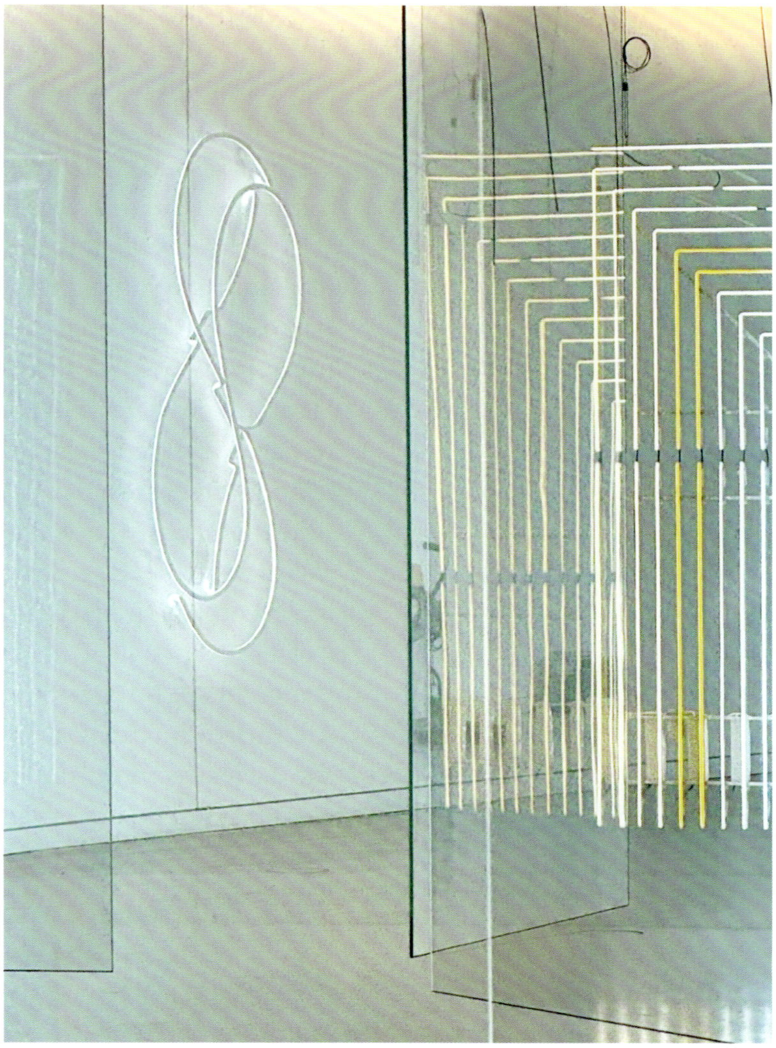

acontece com a partitura e a música –, ao mesmo tempo efetivando a sua transmutação para o domínio físico e espacial. Estes desenhos diagramáticos distinguem-se também pela natureza paradoxal, são simultaneamente abstratos e representativos (de um movimento por realizar). Além disso, transpostos para o contexto expositivo, os diagramas adquirem outros sentidos performativos, uma renovação inevitável à medida que se vão distanciando do seu campo cultural e das suas funções originais.

Um tubo de néon é um objeto, mas também um meio de disseminação de luz. Neste sentido, as potencialidades da luz não se limitam às suas qualidades propriamente físicas e formais, nem a luz é tão-só meio investido de significados sociais e culturais – é igualmente matéria passível de condicionar e estimular a perceção do espaço envolvente. Ambiguidade espacial, experiência sensorial, variações entre bidimensionalidade e tridimensionalidade, impermanência e ilusão ótica, intangibilidade e imaterialidade, tudo isto são possibilidades que relevam os fatores fenomenológicos intrínsecos à experiência recetiva de uma exposição ou eventos artísticos.

A relação do desenho de luz com o espaço adquire uma nova amplitude conceptual e percetiva com *Forms in Space...by Light (in Time)*, apresentada em 2017 nas Duveen Galleries, na Tate Britain. Como resposta ao convite para ocupar aquele grandioso espaço expositivo, Cerith Wyn Evans produziu uma instalação monumental, a maior do artista até à data, na qual incorporou algumas das *Neon Forms (after Noh)*. Com aproximadamente 35 metros de comprimento, *Forms in Space...by Light (in Time)* apresenta-se como um imenso corpo flutuante, formado por quase dois quilómetros de tubos de néon. De forma evidente, a medida escultórica ou objetal de *Neon Forms (after Noh)* é submetida a uma ampliação exponencial, adquirindo uma presença física maciça que preenche o espaço expositivo, em profundidade e altura.

A luz irradiada dos tubos de néon não é muito intensa. Percebe-se a intenção de equilibrar o material com a sua incandescência. Os tubos emitem uma luz refratada, um brilho pálido e frio (a temperatura da cor é de 6 500 K), que se distancia do efeito espetacular e imersivo que nos habituámos a reconhecer em muitas das instalações de luz contemporâneas.

Suspenso do teto, este imenso e luminoso plano celestial inclui múltiplas camadas e variações gráficas complexas. Através de uma combinação de delicados traços singulares e aglomerados densos e caóticos que interpelam o discernimento de quem as observa, distinguem-se linhas retas e curvas, que se desdobram, que se estendem ou comprimem, infletem ou quebram, como registos gestuais no espaço. Sem frente e sem lados, a peça tem uma natureza polimórfica, admitindo numerosos pontos de observação e modos de frequentação. Onde quer que estejamos, a visão é momentânea, parcial e circunstancial. É possível seguir as intersecções das trajetórias luminosas com o olhar e com os movimentos do corpo, mas o percurso é tão intrincado que se torna impossível captá-lo num relance e sair dele. Cada forma parece, de facto, prosseguir uma trajetória, prolongando-se ou precipitando-se para o seu fim. A luz é estática, mas impregnada de alusão cinética. Os desenhos das linhas insinuam por vezes aceleração ou desaceleração, a caminho da turbulência, da acalmia ou da claridade. Entre o encantamento e a estranheza, entre o excesso e os vazios que comporta, a obra constitui-se enquanto trama de formas e fluxos de energia – que relativiza e interpela a sua própria percetibilidade.

intangibility and immateriality, all underscore the phenomenological factors intrinsic to the receptive experience of exhibitions and artistic events.

The relationship between light-drawing and space acquired a new conceptual and perceptual dimension with *Forms in Space...by Light (in Time)*, shown in 2017 in the Duveen Galleries at Tate Britain. In response to the invitation to occupy this large-scale exhibition space, Evans created a monumental installation – his largest to date – incorporating several of the *Neon Forms (after Noh)*. Measuring approximately thirty-five metres in length, *Forms in Space...by Light (in Time)* forms an immense floating body composed of nearly two kilometres of neon tubing. The sculptural object of *Neon Forms (after Noh)* is thus exponentially amplified, assuming a massive physical presence that fills both the height and depth of the exhibition space.

The light emitted by the tubes is not intense, and the intention to balance the material with its incandescence is clear. The tubes emit refracted light, a pale and cool glow (with a colour temperature of 6,500K), far from the showy, immersive effects often associated with many contemporary light installations.

Suspended from the ceiling, this immense luminous celestial plane comprises multiple layers and complex graphic variations. Through a combination of delicate single strokes and dense, chaotic clusters that challenge perception, straight and curved lines unfold, stretch, compress, inflect or break like gestural inscriptions in space. Without a front or sides, the work is polymorphic in nature, allowing for numerous perspectives and forms of interaction. Wherever one stands, the view is fleeting, partial and circumstantial. The eye and the body's movement can follow the intersections of the luminous trajectories, but the path is so intricate that it is impossible to grasp in a single glance and then move on. Each form seems to follow its own trajectory, extending it or rushing towards its end. The light is static, yet imbued with a kinetic suggestion. The lines can insinuate acceleration, but also deceleration towards turbulence, calm or clarity. Between enchantment and strangeness, between excess and its own empty spaces, the work presents itself as a web of forms and energy flows – relativising and questioning its own perceptibility.

It is important to note that in *Forms in Space...by Light (in Time)*, as in much of Evans' oeuvre, there is no friction between figuration and abstraction. To say that these lines do not represent anything specific – in the sense that they do not immediately correspond to something visible and knowable – does not mean that the experience of representation cannot occur. The experience of drawing is, after all, repeatedly linked to our persistent compulsion to represent and to establish continuities, connections and analogies with the world we are accustomed to seeing. We require very little to respond to the impulse to metaphorise. We are in the realm of aesthetics, abundant with experiences of pareidolia, apophenia and synaesthesia. Amid the tangled lines, one can discern amorphous traces, things transforming into others, and matter suspended mid-metamorphosis. Potential forms are projected, parts of figures, fragments of contours. We are confronted with the unveiling of forms that allude to and inspire future possibilities – insinuations directed at our senses and our ability to unfold infinite virtuality from the visible.

At one edge of *Forms in Space...by Light (in Time)* are several geometric shapes that contrast with the irregular, complex and elaborate character of the larger body. These circular forms are three-dimensional reproductions of the 'Oculist

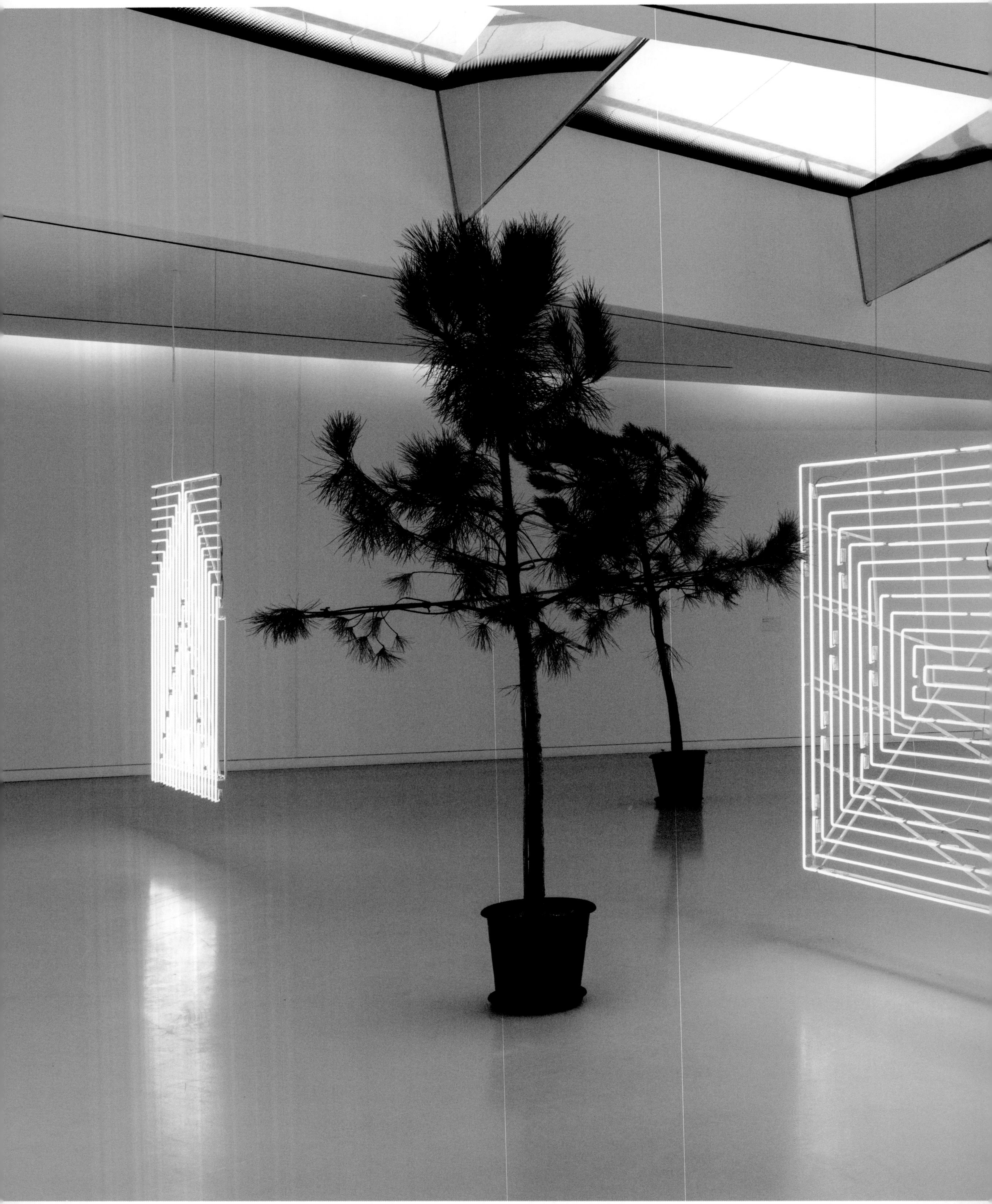

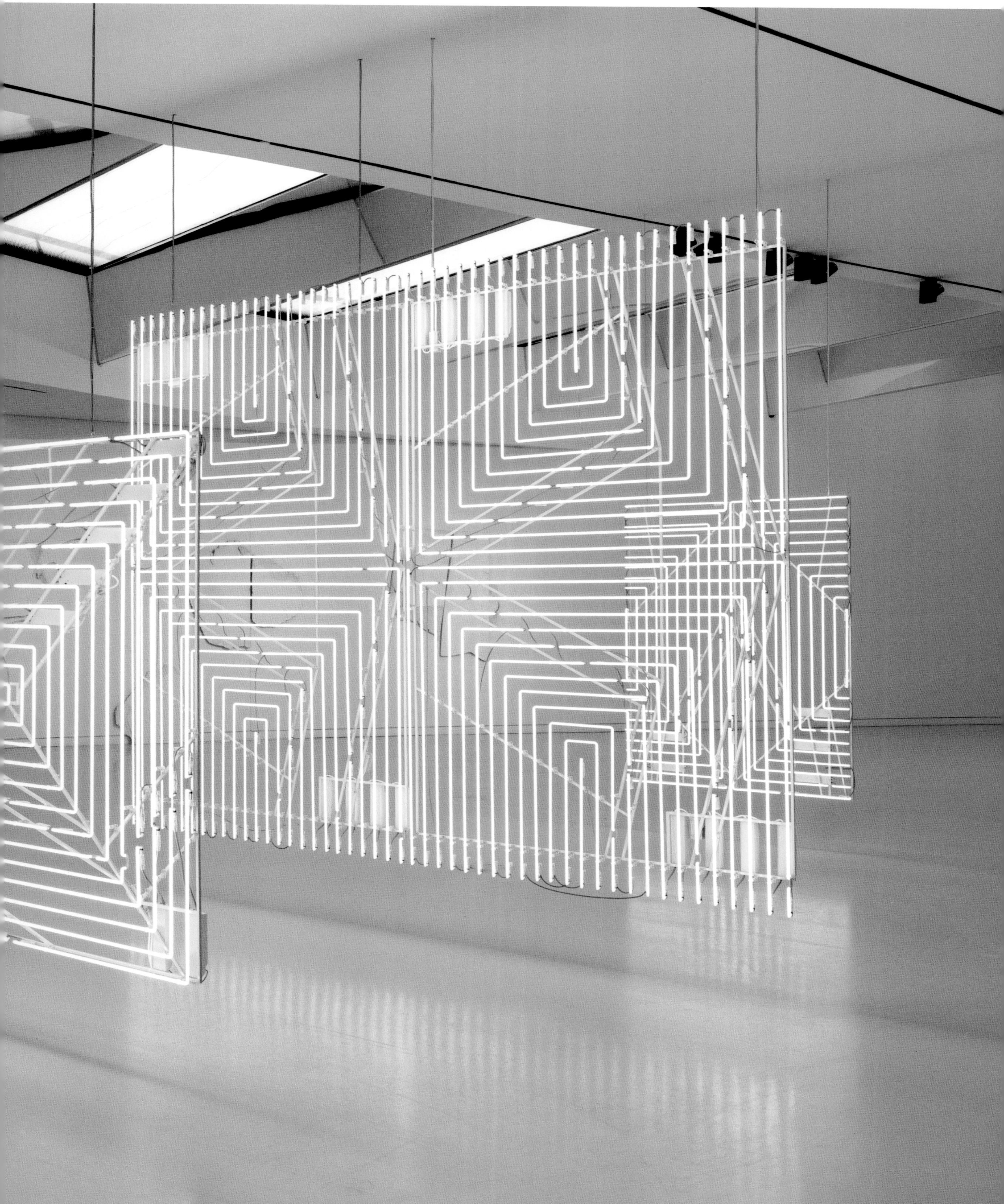

Importa observar que, em *Forms in Space...by Light (in Time)*, como na generalidade da obra de Cerith Wyn Evans, não existe um antagonismo entre figuração e abstração. Se dissermos que estas linhas não representam algo em concreto, no sentido em que não correspondem a aparências que ligam imediatamente o visível e o cognoscível, isso não significa não ser expectável que ocorra a experiência da representação. Ora, sabemos que a experiência do desenho está reiteradamente ligada à nossa persistente compulsão para representar, para estabelecer continuidades, nexos, analogias com o mundo que nos habituámos a ver. Requer muito pouco para que o impulso de metaforização inicie o seu curso. Estamos no reino da estética, pródigo no desencadear de situações de pareidolia, apofenia e sinestesia. Por entre as linhas emaranhadas é possível discernir vestígios informes, coisas transformando-se noutras, matérias suspensas no decurso de processos metamórficos. Projetam-se formas potenciais, partes de figuras, segmentos de contornos de coisas... Somos confrontados com o desvelamento de formas remissivas e que inspiram possibilidades futuras, insinuações dirigidas aos nossos sentidos e à nossa capacidade de prosseguir, de desfiar infinitas virtualidades a partir do visível.

Num dos extremos deste *Forms in Space...by Light (in Time)* encontram-se algumas formas geométricas que se distinguem do carácter irregular, confuso e intrincado do seu corpo maior. Essas formas circulares são reproduções tridimensionais de *Les Témoins oculistes* – por sua vez, baseados nos esquemas vetoriais utilizados por oftalmologistas para testar a visão –, que Marcel Duchamp incluiu na parte inferior, a zona dos celibatários, de *La Mariée mise à nu par ses célibataires, même*, ou *Le Grand verre* (1915–1923). Também aqui Evans liberta o diagrama da sua fixidez plana, conferindo-lhe uma presença escultórica, com os diferentes elementos circulares suspensos e distantes entre si, permitindo visões distintas a partir de diferentes pontos de vista.

É amplamente reconhecida a admiração de Cerith Wyn Evans pela obra e pelos processos criativos de Marcel Duchamp. Nesta exposição encontramos outros exemplos, inclusive com *Le Grand verre*, como é caso das peças *Folds...in shade (also light and shade) 5 leaves* e *7 leaves*, ambas de 2020, e *Phase Shift with projections (after David Tudor) for* MAAT (2025). Cientes da apetência de Duchamp pela ambivalência semântica, *Les Témoins oculistes* suscita várias associações. Refere-se a testemunhas oculares, *voyeurs* de um evento no qual não desempenham qualquer papel. Poderíamos reconhecer nessa exploração irónica e provocatória do voyeurismo a ligação a uma das qualidades de *Étant donnés* (1966), outra obra capital de Duchamp. Por outro lado, podemos interpretar a posição deste diagrama oftalmológico diante do monumental, labiríntico e indecifrável desenho como expressão de uma denegação radical de Evans face ao modelo científico da ótica e, consequentemente, a todas as formas normativas e lógicas institucionalizadas de perceber e racionalizar o mundo à nossa volta. Na senda de Duchamp, Evans visa uma atitude artística que privilegia as potencialidades heurísticas e as inusitadas reconfigurações entre o ótico e a linguagem, entre o retiniano e o conceptual. Ambos os artistas partilham uma certa inclinação pela ilegibilidade e pela opacidade, como condições para a compreensão intuitiva e para a experiência livre e individualizada da obra de arte. Com efeito, no trabalho de Evans são frequentes as latências, elipses, referências cifradas e os enredos conceptuais, que não apontam para o decifrável ou para as convenções interpretativas. Em vez disso, a sua obra deve ser apreciada, sentida e vivida subliminarmente, quase pré-linguisticamente. Logo, à recusa de uma comunicabilidade clara e acessível

Witnesses' – themselves based on the vector diagrams used by ophthalmologists to test vision – which Marcel Duchamp incorporated into the lower 'bachelor' section of *The Bride Stripped Bare by Her Bachelors, Even (The Large Glass)* (1915–23). Here, too, Evans liberates the diagram from its fixed planarity, giving it a sculptural presence, with the various circular elements suspended and spaced apart, allowing for distinct views from different perspectives.

Evans' admiration for Duchamp's work and creative processes is well known. This exhibition includes other examples, such as references to *The Large Glass*, in *Folds…in shade (also light and shade) 5 leaves* and *7 leaves* (both 2020), and *Phase Shift with projections (after David Tudor) for* MAAT (2025). Mindful of Duchamp's penchant for semantic ambivalence, the 'Oculist Witnesses' invites numerous associations. It refers to eyewitnesses, the voyeurs of an event in which they play no part. Within this ironic and provocative exploration of voyeurism, one can discern a connection with one of the qualities of *Étant donnés* (1966), another of Duchamp's major works. Conversely, the positioning of this ophthalmological diagram in front of the monumental, labyrinthine and indecipherable drawing may be interpreted as Evans' radical repudiation of the scientific model of optics and, by extension, of all institutionalised normative and logical forms of perceiving and rationalising the world around us. Following Duchamp, Evans adopts an artistic stance that privileges heuristic potential and unexpected reconfigurations between the optic and the linguistic, the retinal and the conceptual. Both artists lean towards illegibility and opacity as conditions for intuitive understanding and for a free, individualised experience of an artwork. Evans' practice is filled with latencies, ellipses, coded references and conceptual entanglements, eschewing decipherability and interpretative conventions. Rather, his works are to be appreciated, felt and experienced subliminally, almost pre-linguistically. Thus, underlying the rejection of clear, accessible communicability lies an affirmation of the generative possibilities of art – an incursion into other modes of experience and knowledge.

Evans' exhibitions are always conceived in response to the spatial conditions and architectural features of the venue – in other words, his approach is site-specific. Occupying the Oval Gallery and Gallery 1 at the MAAT Gallery, this exhibition brings together works produced between 1994 and 2025, including previously unseen pieces. It also presents new versions of earlier works, such as *Phase Shift with projections (after David Tudor) for* MAAT and *Sounding Félix (incarnation* MAAT*)*. The earlier version of the latter piece – *Sounding Félix (Paris 8 assemblage)* – dates from 2022, but has been altered through the addition of acrylic panels mounted on a panel trolley the artist found in one of the museum's storage rooms. Another work, *Decor-Relic (after J. Wall,* MAAT*)* (2025), was created using painted wooden detritus that Evans salvaged after the demolition of a wall built for the previous exhibition for Jeff Wall.

Spread across two galleries with markedly distinct spatial conditions and architectural characteristics, the more than thirty works combine to form a (choreographic) composition that encourages wandering, encounters and juxtapositions between seeing, listening, feeling, thinking and daydreaming. Through its deliberate and scenographic arrangement, the exhibition accentuates the intrinsic theatricality of sculpture by determining both the placement of objects and the manner in which they are observed. The exhibition does not follow a pre-established route and invites to-ing and fro-ing. It is conceived as

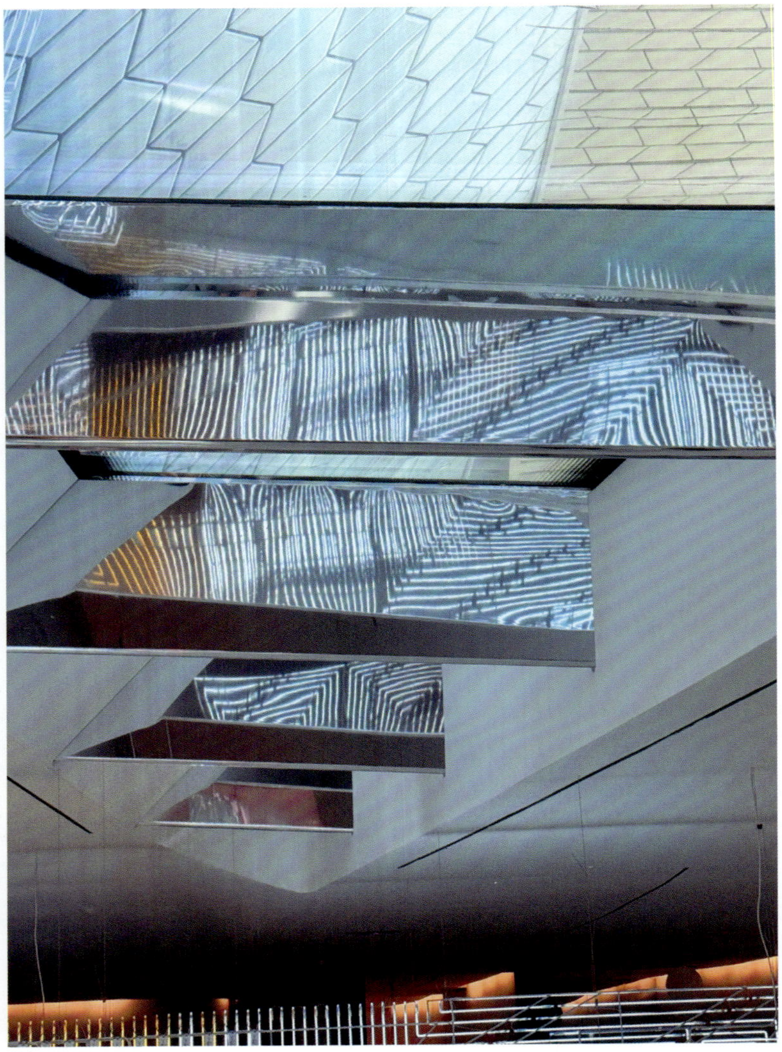

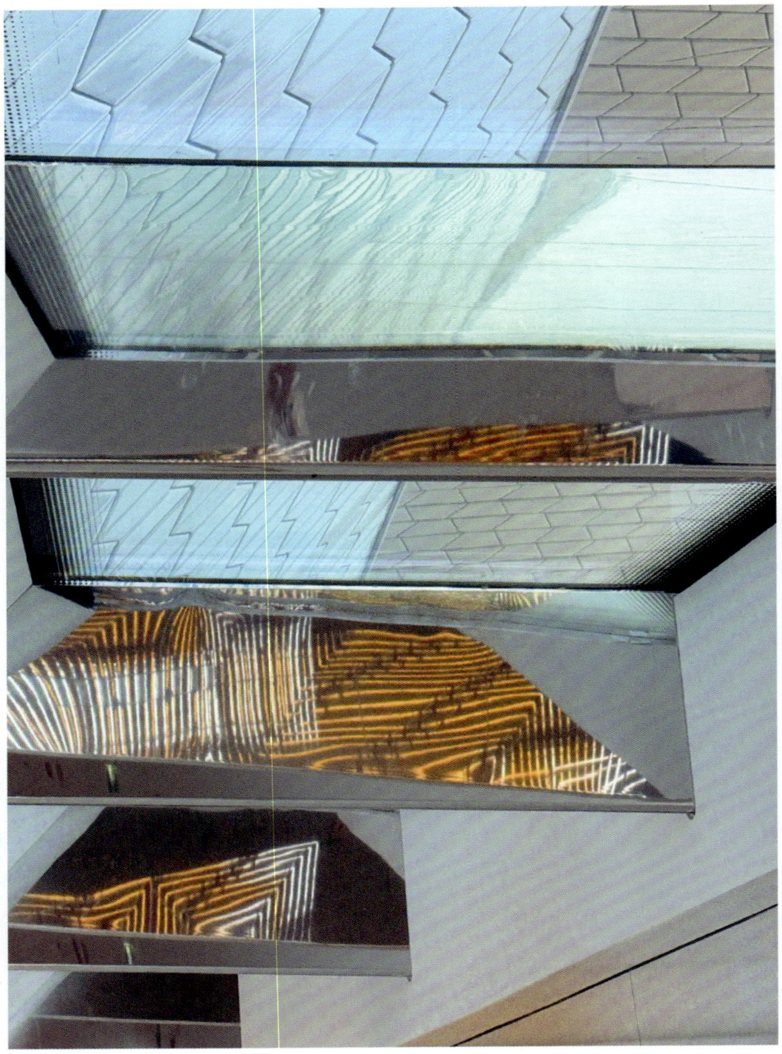

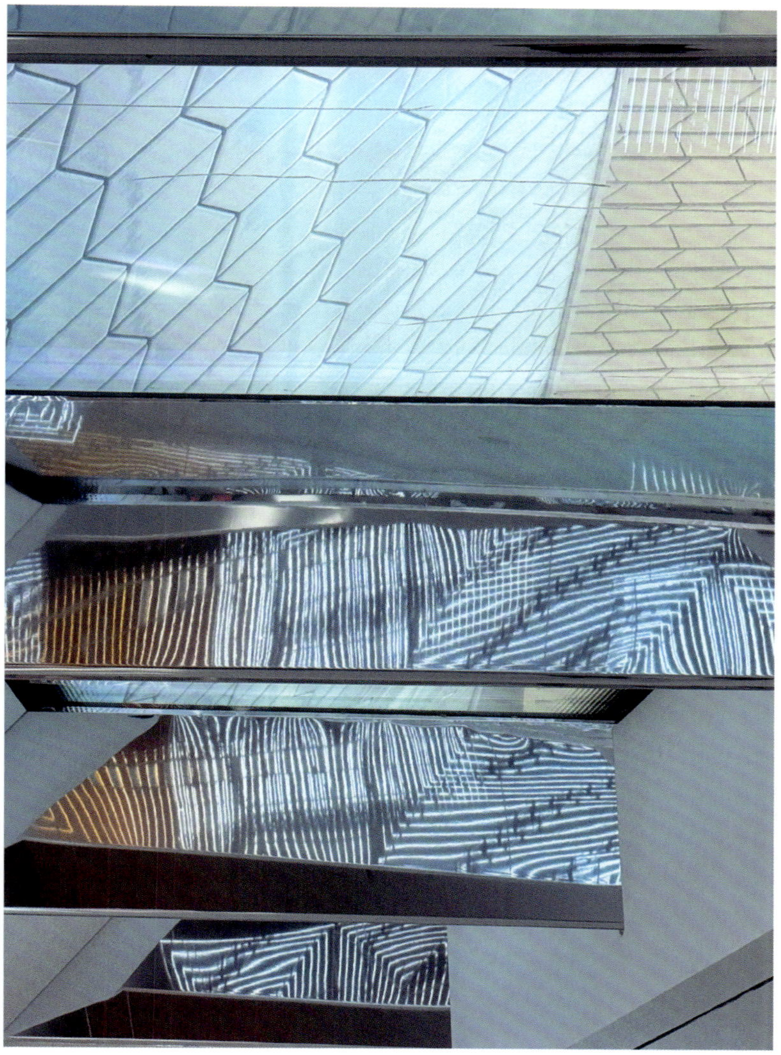
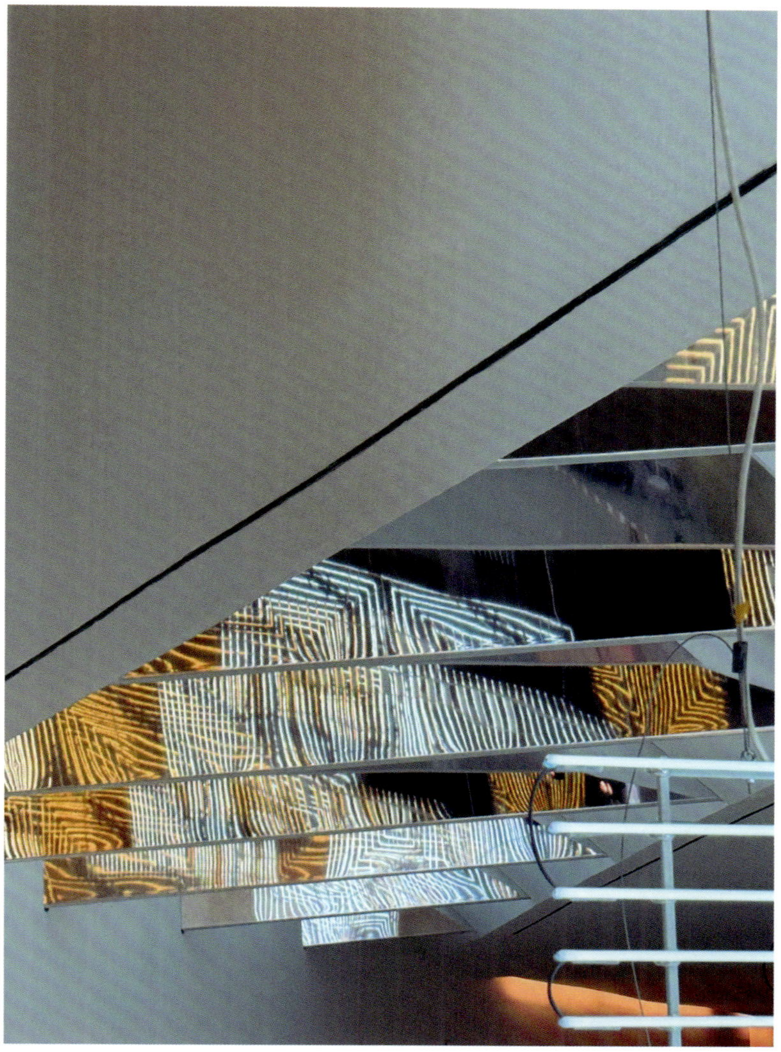

subjaz a reivindicação das possibilidades generativas da arte, a incursão em outros modos de experiência e de saber.

As exposições de Cerith Wyn Evans são sempre concebidas a partir das condições espaciais e características arquitetónicas do espaço expositivo, ou seja, a sua abordagem é *site-specific*. Ocupando a Galeria Oval e a Galeria 1, no MAAT Gallery, esta mostra reúne obras produzidas entre 1994 e 2025, incluindo peças inéditas. Integra ainda novas versões de peças anteriores, como é o caso de *Phase Shift with projections (after David Tudor) for* MAAT e *Sounding Félix (incarnation* MAAT*)*, cuja primeira versão – *Sounding Félix (Paris 8 assemblage)* – remonta a 2022, mas que foi agora alterada com o acrescento de painéis em acrílico sobre um carrinho porta-painéis que o artista encontrou num dos armazéns do museu. Quanto a *Decor-Relic (after J. Wall,* MAAT*)*, 2025, esta foi realizada com vários destroços de madeira pintada que o artista encontrou após a demolição de uma parede construída para a exposição antecedente, de Jeff Wall.

Distribuídas por duas galerias com condições espaciais e características arquitetónicas claramente distintas, as mais de três dezenas de obras formam uma composição (coreográfica) que incita a deambulações, confrontos e justaposições entre ver, escutar, sentir, pensar e devanear. Dada a intencionalidade e marcação cénica, a exposição acentua a teatralidade intrínseca da escultura, pelo modo como determina o lugar das coisas tal como são observadas. O percurso expositivo, sem roteiro preestabelecido e propenso ao vaivém, radica-se numa experiência espacial única, propícia a todo o tipo de pontos de vista, capaz de espoletar um jogo de visões e estímulos percetivos e sensoriais que se vão revelando no decurso do movimento e do tempo.

Em determinada situação, podemos estar perante a visão simultânea e cruzada de *Forms in Space...by Light (in Time)*, *StarStarStar/Steer (Transphoton)*, 2019, e *Composition for Flutes*, 2017, e *Audio Column (incarnation Lisboa)*, 2025. Na outra galeria, posicionados no interior de *Composition in Panes (on Reflection)*, 2017, é possível observar o efeito *moiré* que decorre da justaposição dos planos de *Neon after Stella*, 2022. A propagação da luz, os reflexos, as sombras e as refrações, a sobreposição visual das obras, combinando formas, transparências e opacidades, a dispersão e intersecção de sons, são todas ocorrências imanentes a um ambiente sinestésico. O visível, o audível e o háptico confrontam-se, disputam a nossa atenção, colaboram e complementam-se.

O desafio está lançado ao espectador enquanto figura que, finalmente, dará sentido a este *scenario*. Ao observador cabe completar o ato de expor. A experiência do espectador realiza-se mediante uma aproximação necessariamente espacial e progressiva no interior de um lugar montado para contornar e desconstruir as preconceções e o conformismo percetivo. Como alternativa surge a oportunidade de proporcionar um movimento incontrolado e tateante, em que a experiência visual e sensorial simultaneamente se detém e se desembaraça, estimulando a imaginação e a rememoração que renova o mundo a cada piscar de olhos, na procura de uma nova luz, o assombro de uma perceção sobre a qual ainda não dispomos de saberes adequados.

1 Gabrielle Schwarz, (2019, November), «Stockhausen, Duchamp, and exit signs – an interview with Cerith Wyn Evans», *Apollo Magazine*. www.apollo-magazine.com/cerith-wyn-evans-pirelli-hangar-bicocca/ (cons. 10–09–2025).

a unique spatial experience, open to every kind of perspective, and triggers a play of perceptual and sensory stimuli that unfold through movement and time.

In a certain position, one can find oneself in front of one piece while also seeing (an)other(s): *Forms in Space...by Light (in Time)*, *StarStarStar/Steer (Transphoton)* (2019), *Composition for Flutes* (2017) and *Audio Column (incarnation Lisboa)* (2025). In the next gallery, standing inside *Composition in Panes (on Reflection)* (2017), one can observe the moiré effect produced by the superimposition of the planes of *Neon after Stella* (2022). The propagation of light, reflections, shadows and refractions; the visual layering of works, combining forms, transparencies and opacities; and the dispersion and intersection of sounds – all these are inherent phenomena in a synaesthetic environment. The visible, the audible and the haptic confront one another, compete for attention, collaborate and complement each other.

The challenge is presented to the spectator, who ultimately imparts meaning to the scenario. It is the spectator who completes the act of exhibition. Their experience unfolds through a necessarily spatial and progressive immersion in a setting created to outline and deconstruct preconceptions and perceptual conformity. There is also the opportunity for uninhibited, tactile movement, during which visual and sensory experiences concurrently linger and unravel, stimulating the imagination and recollection that renew the world with each blink of an eye – in search of a new light, the euphoria of a perception for which we have yet to acquire adequate understanding.

1 Gabrielle Schwarz, 'Stockhausen, Duchamp, and exit signs – an interview with Cerith Wyn Evans', *Apollo Magazine*, November 2019. www.apollo-magazine.com/cerith-wyn-evans-pirelli-hangar-bicocca/ (accessed 10 September 2025).

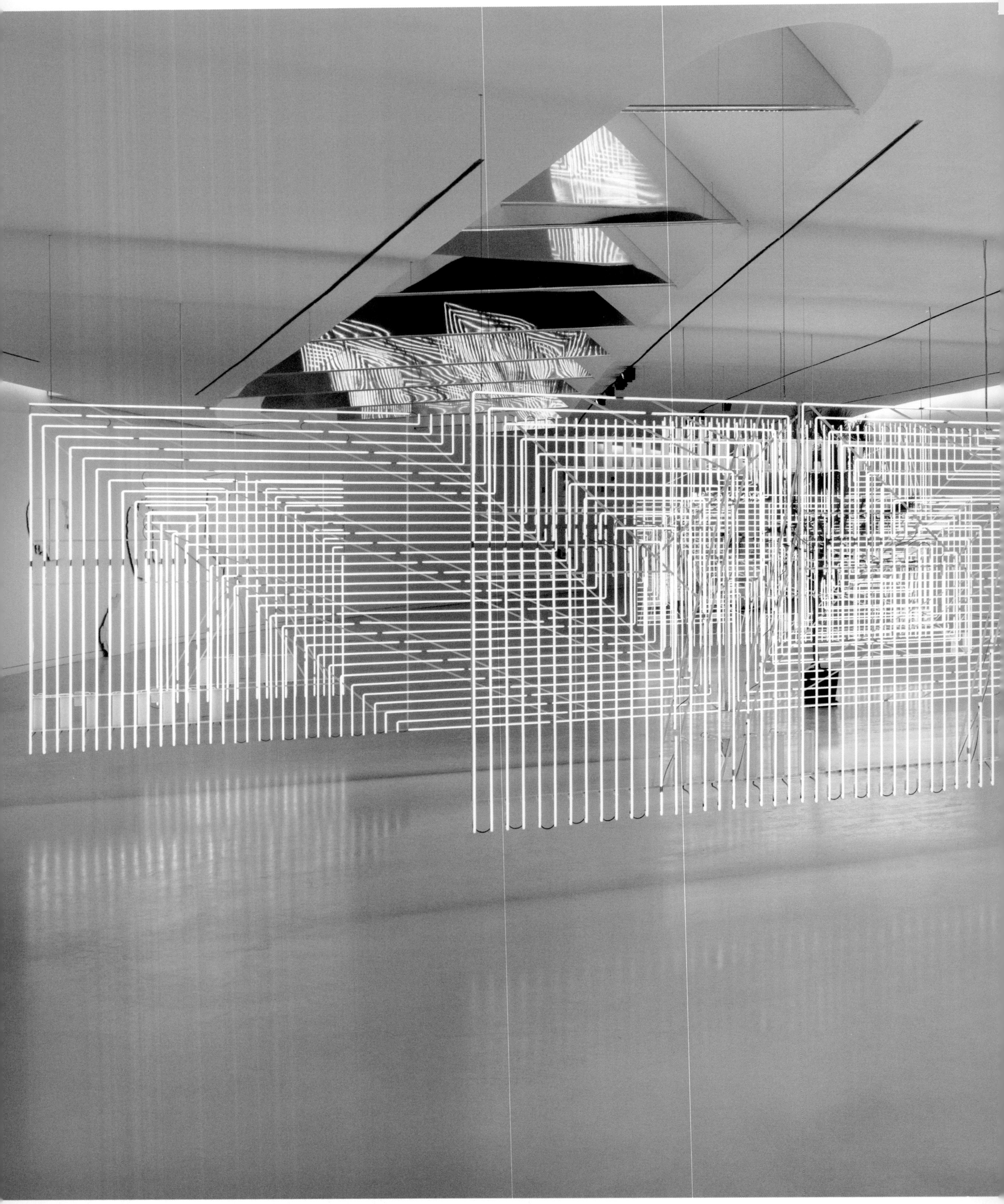

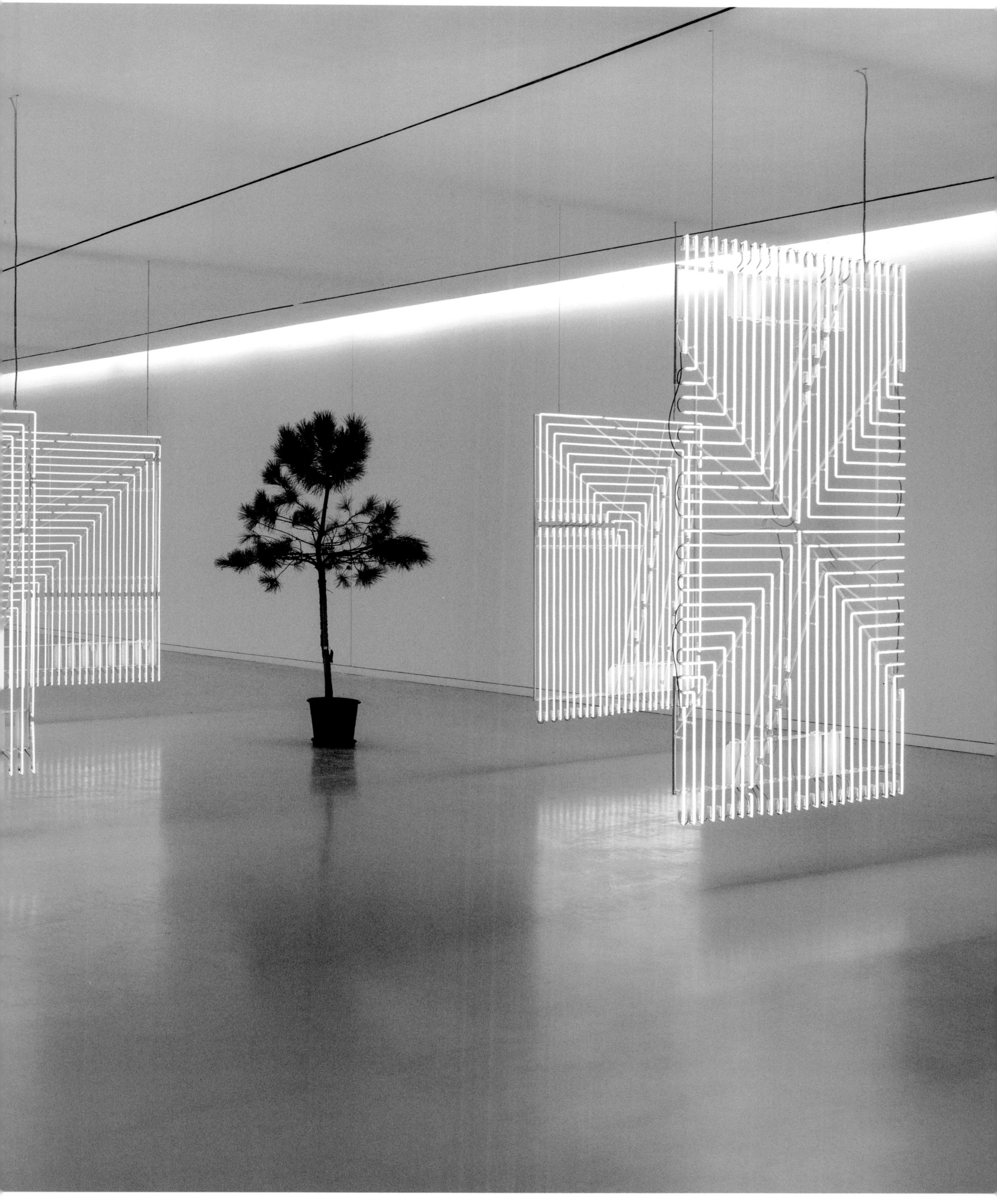

Kimono'd in red gold, SWIRLS BEFORE PINE
Ayako sights us through a pale bronze disc
Half mirror and half gong
Hanging at Kamakura, in the shrine.

James Merrill, *The Changing Light at Sandover* [1]

Impressions of Light: Circling around Works by Cerith Wyn Evans

Impressões de luz: em torno de algumas obras de Cerith Wyn Evans

Michael Newman

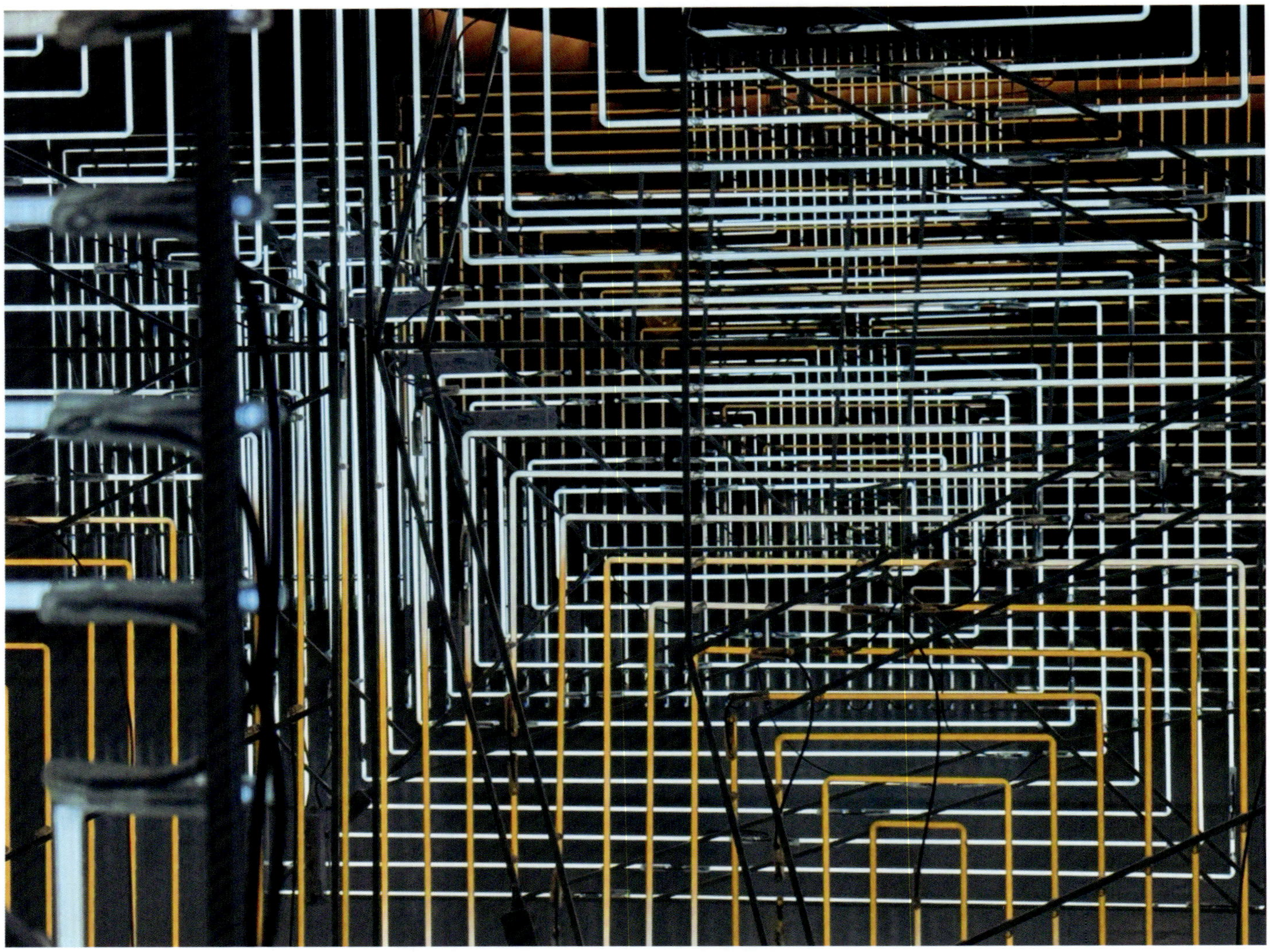

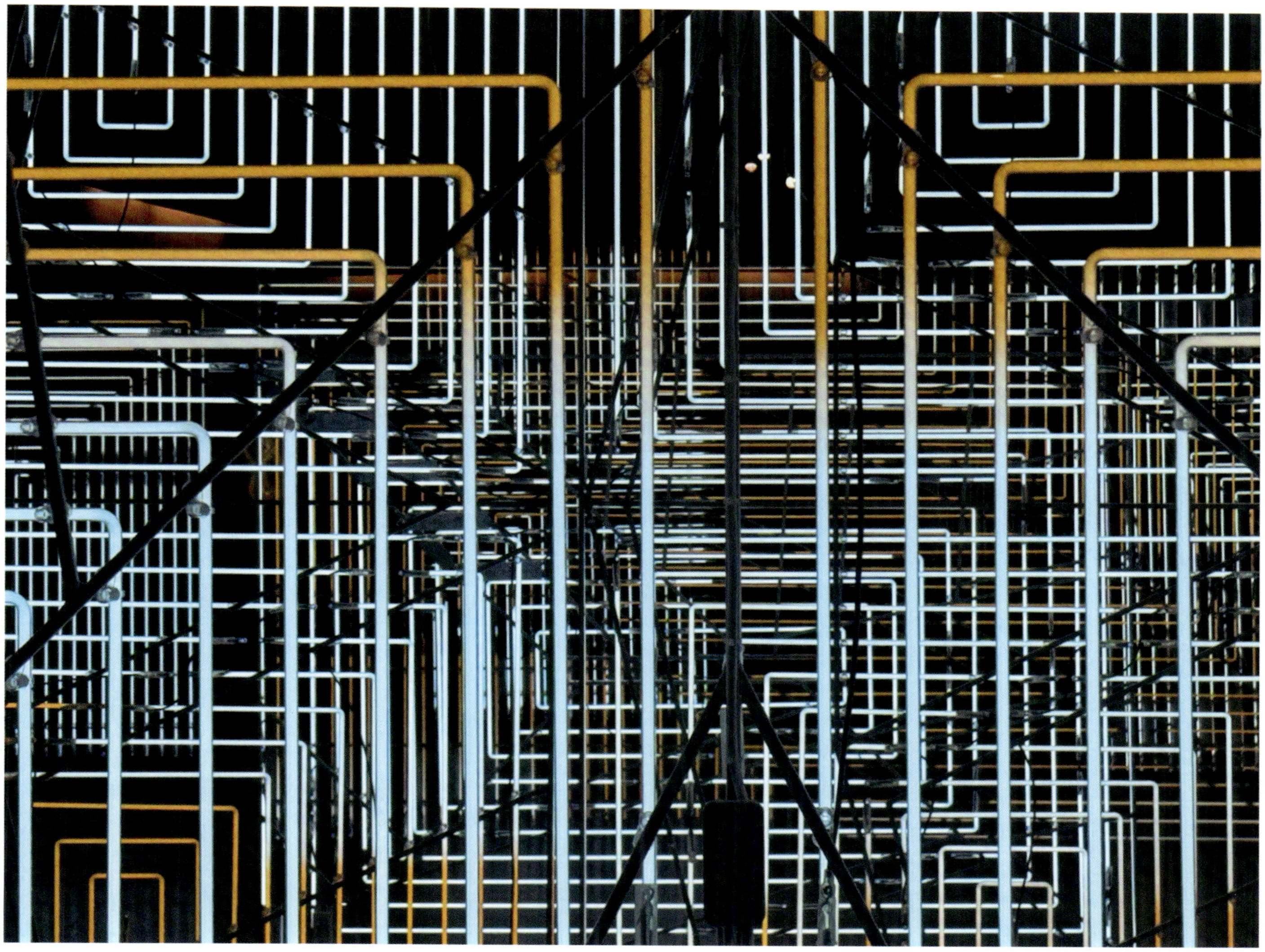

Ao atravessar as portas refletoras deslizantes que dão acesso ao espaço expositivo do MAAT, deparamo-nos com dois candelabros que emitem luz em pulsações variáveis. Observando com atenção, percebe-se que um deles é ligeiramente mais pequeno: portanto, são o mesmo mas diferentes, um tanto misteriosos, como os gémeos. Os candelabros, compostos por vidro transparente, espelhos e lâmpadas, conjugando uma luz que simultaneamente irradia e é refletida, foram encomendados a um fabricante de vidro em Veneza, com base num modelo criado para uma mesquita, em Teerão. A sua presença leva-nos a interrogar a natureza do espaço da galeria e o tipo de experiência que ali está a ser preparada. A música para piano, composta pelo artista, perde e ganha sincronização com a iluminação, que ora se esbate, ora se intensifica. Estaremos num templo, num salão de baile (e, nesse caso, quem dança?) ou num cinema onde algo inesperado pode ocorrer?

Ao aproximarmo-nos da balaustrada, avistamos, do alto, o que parece ser, à primeira vista, um emaranhado de curvas e linhas em néon branco intenso, percetível através de um grande círculo, «raios» lineares radialmente dispostos e um círculo mais pequeno. Estes elementos baseiam-se nas «testemunhas oculistas», cuja inspiração são as tabelas optométricas – diagramas usados pelos oftalmologistas para medir a acuidade visual – traçadas sobre o vidro no canto superior direito do painel de baixo de *La Mariée mise à nu par ses célibataires, même* (*Le Grand verre*), 1915–1923, de Marcel Duchamp. Segundo as notas de Duchamp, o «gás de iluminação», que os «celibatários» produzem quando se excitam, atravessa, por intermédio do «moedor de chocolate», as «testemunhas oculistas», numa tentativa falhada de consumar o desejo e chegar à «noiva», no canto superior esquerdo do painel de cima, ele próprio uma espécie de ecrã.[2] O sujeito observador pressuposto pelas «testemunhas oculistas» está prestes a ser submetido a uma operação.

Descendo a rampa em curva, dilata-se o emaranhado de formas que se entrevia lateralmente. Os círculos, onde estes existem, tornam-se elípticos quando passamos por eles. Aos poucos, distinguem-se elementos isolados: tubos que passam através de e à volta de outros, formando conjuntos e relações. A estrutura toca no chão e é a primeira vez que a obra é montada assim. As curvas entrelaçadas surgem combinadas com os tubos retos que parecem insinuar um objeto ou um elemento arquitetónico. A delineação e o gesto entrelaçam-se, como se estas linhas luminosas fossem criadas pelos movimentos dos corpos.

Com efeito, ao descer a rampa, o espectador de *Forms in Space...by Light* (*in Time*), 2017, executa não apenas uma mudança de ponto de vista, mas uma transformação da própria ideia de ponto de vista e, por conseguinte, do próprio sujeito observador. Tal como na dobra barroca descrita pelo filósofo Gilles Deleuze, quando o objeto se torna «objétil», variando segundo inflexões e metamorfoses, e assim se transforma num acontecimento, o sujeito correspondente torna-se, para usar um termo de Alfred North Whitehead, um «supersujeito»: não um sujeito enquanto centro delimitado pela experiência, mas o resultado de um percurso que permanece disponível para novas modulações.[3] Escreve Deleuze: «O ponto de vista sobre uma variação substitui agora o centro de uma figura ou de uma configuração. O exemplo mais célebre é o das secções cónicas, em que o vértice do cone funciona como ponto de vista a partir do qual o círculo, a elipse, a parábola e a hipérbole se relacionam como variantes que seguem a inclinação da secção planeada ("cenografias")»[4]. Quando são vistos de diferentes ângulos, os círculos tornam-se elipses, à medida que a configuração

As you walk through the reflective sliding doors to the exhibition space at MAAT, you encounter two chandeliers that emit light at varying pulses. Looking carefully, you see that one is slightly smaller than the other, so they are the same yet different, slightly uncanny, like twins. The chandeliers, made from transparent crystal, mirrors and lamps, that emit both radiant and reflected light, combining scintillation and transparency, were commissioned from a Venetian glassmaker based on a design for a mosque in Tehran. They pose the question of what kind of space the gallery is and what experience is being prepared. Piano music from the artist's score goes in and out of sync with the lighting, dimming and brightening. Are we in a temple, a ballroom (if so, who is dancing?) or a cinema where something unexpected might happen?

Walking over to the balustrade, you gain a high-up view of what initially looks like a great tangle of curves and lines in bright white neon, seen through a large circle, radially arranged linear 'spokes' and a smaller circle. These are drawn from the 'Oculist Witnesses', derived from opticians' charts – ophthalmological diagrams used to measure eyesight – traced onto the glass on the upper right-hand side of the lower panel in Marcel Duchamp's *The Bride Stripped Bare by Her Bachelors, Even (The Large Glass)* (1915–23). According to Duchamp's notes, the 'illuminating gas' that the Bachelors generate as they become excited passes via the 'chocolate grinder' through the 'Oculist Witnesses' in a failed attempt to consummate their desire and reach the 'bride' on the upper left-hand side of the top frame of what is itself a screen.[2] The viewing subject presumed by the 'Oculist Witnesses' is about to undergo an operation.

Continuing down the curving ramp, the tangle of forms seen from the side dilates. The circles, wherever they occur, become elliptical as you pass by them. You begin to notice separate elements, with tubes passing through and around one another, forming groupings and relationships. It touches the ground, which is the first time the work has been installed in this way. Entwined curves combine with straight tubes that seem to designate an object or architectural element. Delineation and gesture entwine, as we imagine these lines of light being produced by the movements of bodies.

In effect, the viewer of *Forms in Space...by Light (in Time)* (2017) enacts, as they walk down the ramp, not just a change in point of view but in the very idea of point of view, and thus in the viewing subject themself. As in the philosopher Gilles Deleuze's account of the baroque fold, when the object becomes an 'objectile', fluctuating according to its inflections and metamorphoses, and thereby turns into an event, the subject that corresponds is, in a term from Alfred North Whitehead, a 'superject': not the subject as a centre enclosed by its experience, but the outcome of a journey that in turn becomes available for further modulation.[3] Deleuze writes, 'Point of view on a variation now replaces the centre of a figure or a configuration. The most famous example is that of conic sections, where the point of the cone is the point of view to which the circle, the ellipse, the parabola, and the hyperbola are related as so many variants that follow the incline of the section that is planned ("scenographies").'[4] Circles seen from different angles become ellipses as the configuration of *Forms in Space...* folds and unfolds according to infinite variation. Throughout the exhibition, the viewer will continue to be modulated by the works and their resonances.

The *Forms in Space...* were created through a set of operations applied to the *kata* diagrams that choreograph the movements of actors in Japanese

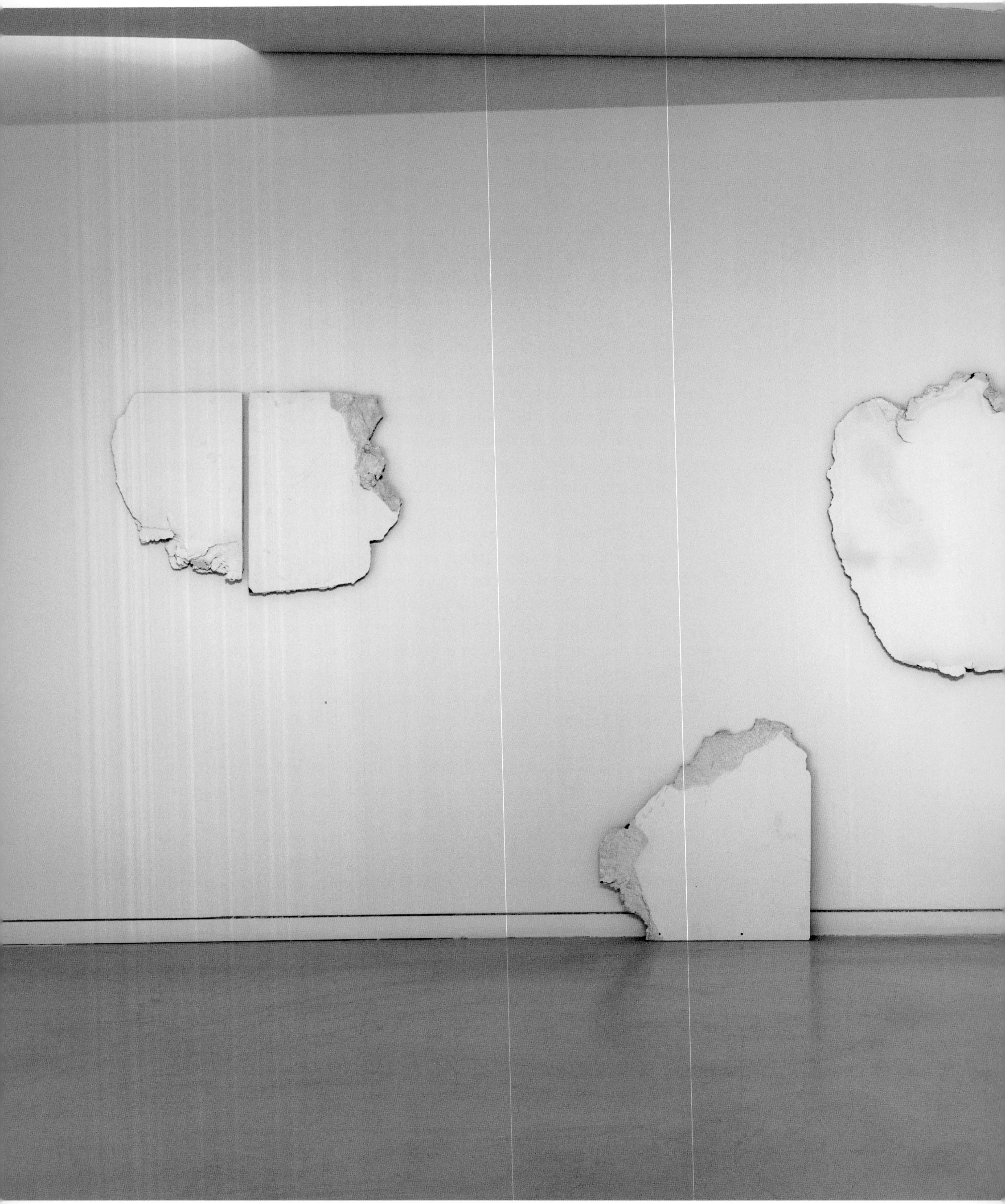

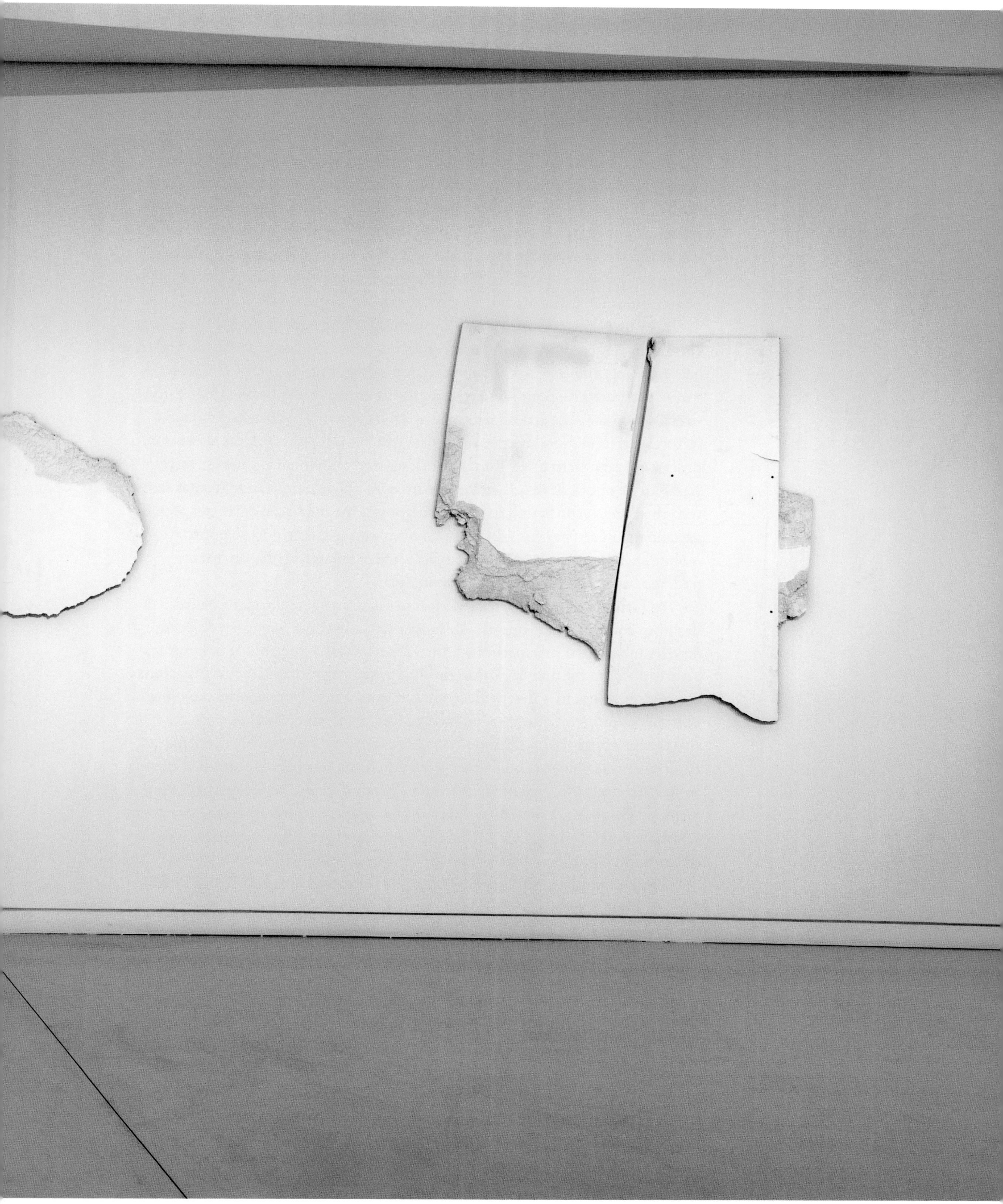

de *Forms in Space...* se dobra e desdobra em infinitas variações. E, ao longo da exposição, o visitante continuará a ser modulado pelas peças e respetivas ressonâncias.

Forms in Space... nasce de um conjunto de operações realizadas com os diagramas *kata*, usados para coreografar os movimentos dos atores no teatro japonês *noh*. Com base nos princípios da coreologia, que estuda a notação do movimento, os diagramas foram dobrados, esticados, comprimidos e invertidos.[5] Conforme escreve Zoe Stillpass, inspirando-se livremente na técnica dodecafónica de Arnold Schönberg, o «mesmo» padrão é sujeito a uma série de transformações.[6] O néon adquire a dimensão de uma peça musical que está a ser executada, um espetáculo que também implica improvisação. O resultado não é estático: a obra transforma-se constantemente, tanto pela experiência dos visitantes como porque cada montagem da obra é como se correspondesse a execuções da mesma peça musical em diferentes salas de concerto.

Gerada a partir de transformações aplicadas a notações coreográficas, a obra confronta-nos com a diferença entre ponto de vista, medido na tradição artística ocidental segundo a perspetiva geométrica, e diagrama. Em vez de recorrer a uma perspetiva de ponto único para produzir uma ilusão de realidade como se estivesse a ser vista através de uma janela, o diagrama apresenta processos (vetores) e relações sem um ponto de vista fixo. *Forms in Space...* parece alternar entre processos e representações: linhas que descrevem movimento como se fossem vestígios de operações e que se combinam com blocos, compondo formas semirreconhecíveis. A configuração estabelece, pois, uma mediação entre o espectador situado no espaço perspetivista e outro num espaço destituído de ponto fixo. A obra opera uma passagem, ou transição, entre espacialidades distintas – podemos falar, até, de diferentes cosmologias.

As formas que aqui apreciamos foram criadas através de operações realizadas num computador. Segundo Alexander R. Galloway, a passagem do ponto de vista monocular (perspetivista/câmara) para a visão computacional implica a multiplicação infinita de pontos de vista possíveis: «[...] a visão computacional também é cónica, mas invertida, como um funil cujo vértice aponta para fora. Neste caso, o sujeito que apreende não se foca num ponto denso e variado situado no centro, e sim difunde-se para o exterior, para o limiar do espaço [...]. Inversamente, o objeto situa-se no vértice do funil, recebendo os múltiplos contributos que lhe chegam da periferia. Portanto, se o olho fotográfico é, por assim dizer, *convexo*, à semelhança da proa de um navio que se projeta no mundo a partir do meio, então o olho computacional revela-se *côncavo*, contornando e abarcando o mundo a partir da orla»[7].

Note-se também a analogia entre o que vemos e o funcionamento de um computador: o computador trabalha através de fluxos de corrente, e nós vemos fluxos de energia em relação com o gás nos tubos. Se a visão computacional substitui, em princípio, a perspetiva única por um número potencialmente infinito de pontos de vista, então qualquer sistema de representação terá de abranger uma subtração ou limitação, que consistirá numa redução dimensional. A perspetiva reduz a experiência visual de quatro para duas dimensões, para daí gerar a ilusão de uma terceira. Se entendermos o processo como uma *subtração* a partir de *quanta* aleatórios – ruído ou caos –, mediante *operações* capazes de produzir espaços complexos, multidimensionais e topológicos, então, em *Forms in Space...*, o visitante concretiza a transição entre espaços distintos. A entrada na exposição através de S=U=T=R=A (2017) – a peça composta por dois candelabros –

Noh theatre. Using principles of choreology – the notational study of movement – the diagrams were subjected to folding, stretching, compressing and inverting.[5] As Zoe Stillpass writes, loosely based on Arnold Schoenberg's twelve-tone technique, the 'same' pattern undergoes transformations.[6] The neon becomes like music being played, a performance that also involves improvisation. The result is not static: not only is the work constantly changing according to visitors' experiences, but the different installations of the work are like performances of a piece of music in various concert halls.

Generated from transformations applied to choreographic scores, the work poses the question of the difference between point of view, measured in the artistic tradition of the West according to geometric perspective, and the diagram. Instead of using a single-point perspective to produce an illusion of reality as if seen through a window, the diagram shows processes (vectors) and relations without a fixed viewpoint. The *Forms in Space...* seem to shift between processes and representations: lines describing motion as the traces of operations combine with blocks that form semi-recognisable shapes. Thus, the configuration mediates between the viewer in perspectival space and the viewer inhabiting a space without a fixed viewpoint. The work performs a passage or transition between different spatialities; we might even say between different cosmologies.

The forms we experience were generated through operations on a computer. According to Alexander R Galloway, the shift from monocular (perspectival/camera) viewpoint to computer vision involves the infinite multiplication of possible viewpoints: '[...] computational vision is also conical, but inverted, more like a funnel with the tip facing away. Here the perceiving subject is not focused into a dense, rich point at the centre but diffuses itself outward toward the edge of the space [...]. The object, by contrast, lies at the point of the funnel, receiving all the many inputs issued to it from the perimeter. Thus, if the photographic eye is, as it were, *convex*, like the prow of a ship jutting out into the world from the middle, then the computational eye is *concave*, flanking and encompassing the world from the fringe.'[7]

Note also the analogy between what we see and how a computer works: the computer works by means of flows of current, and we see flows of energy in relation to gas in the tubes. If computer vision, in principle, replaces single-point perspective with potentially infinite points of view, then any representational system will involve a subtraction or limitation, which consists of a reduction in dimensionality. Perspective reduces the four-dimensionality of visual experience to two dimensions in order to create the illusion of three. If we take the process as a *subtraction* from random quanta – noise or chaos – through *operations* which can result in complex, multidimensional and topological spaces, in *Forms in Space...* the visitor enacts the transition from one kind of space to another. The introduction to the exhibition through S=U=T=R=A (2017) – the piece comprising two chandeliers – already cues this idea of a transitional or liminal experience and implies that it will be both material and spiritual. The viewer shifts from an overview at the top of the ramp, where the configuration is collapsed and makes no sense, to a succession of fringe views as they walk down the ramp, where the configuration opens up. According to Galloway, the move from 'here is a view' of the camera to 'here are all points of view' of the computer is a change of ethos to which there are two routes: the multiplicity of vision (the schizophrenic route) and the virtualisation of vision (the gnostic route), which promises 'immediate

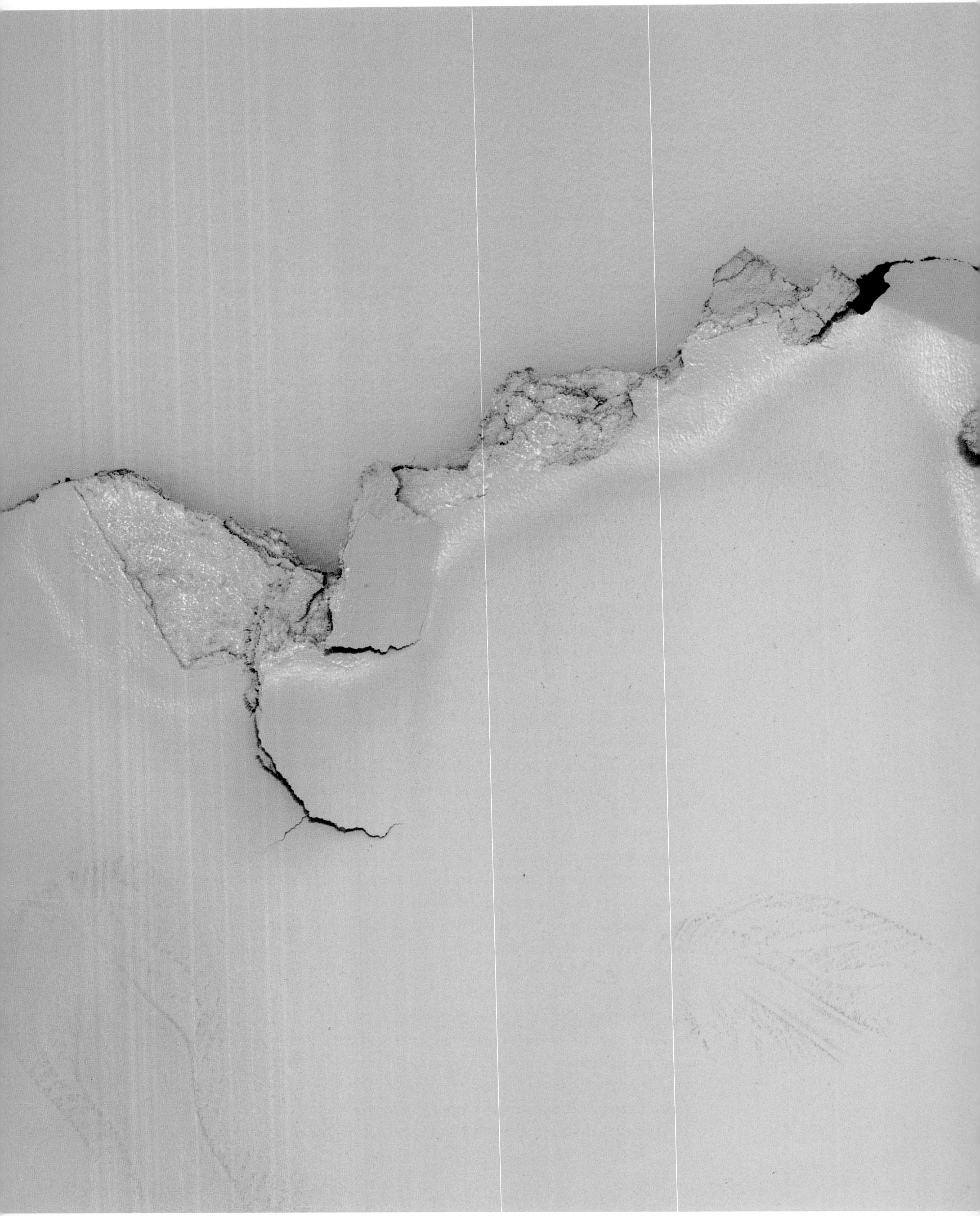

já prenuncia essa ideia de experiência transicional ou liminar, aventando ainda que será simultaneamente material e espiritual. À medida que desce a rampa, o visitante desloca-se da visão de conjunto do topo, em que a configuração surge desmoronada e incompreensível, para uma sucessão de perspetivas periféricas, em que a configuração se revela. Segundo Galloway, a passagem do «aqui está uma perspetiva» da câmara para o «aqui estão os pontos de vista todos» do computador implica uma mudança de *ethos* para a qual existem dois caminhos: a multiplicidade da visão (a via esquizofrénica) e a virtualização da visão (a via gnóstica), que promete o «conhecimento imediato de todas as coisas, de todos os tempos, de todos os lugares». Ambas constituem, de certo modo, formas de loucura criadas pela racionalidade computacional.

As dobras e as voltas do néon delineiam um tipo de vazio que desempenha um papel positivo nas expressões artísticas da China e do Japão, em particular no teatro *noh*, onde o silêncio e as pausas entre som e movimento são fundamentais para o ritmo. Além dos diagramas *kata*, que servem de ponto de partida para as suas transformações, supõe-se que a fórmula estrutural do LSD esteja também inscrita na peça, alinhando as transformações generativas da obra com a ideia de alteração do estado de consciência.[8] William S. Burroughs experimentou LSD e outros alucinogénios, e essas experiências contribuíram para o desenvolvimento, com Brion Gysin, da técnica de *cut-up*, aplicada a texto e gravações sonoras. Mais tarde, já um «janado» em recuperação, Burroughs advogou a possibilidade de se atingir estados alterados de consciência sem recurso a drogas. Gysin explorou essa hipótese com a sua *Dreamachine*, inventada em 1959, em que impulsos de luz, que atravessam os orifícios de um cilindro num prato giratório e incidem sobre as pálpebras fechadas do participante, alteravam as oscilações eletromagnéticas do cérebro, produzindo visões e um estado mental alterado.[9] Trata-se da passagem do multimédia da segunda metade do século XX (da Bauhaus ao Black Mountain College, dos *happenings* ao cinema expandido) para o neuronal, já a definir a época contemporânea (começou a ser desenvolvido na computação, entre as décadas de 1940 e 1950, e, com o aumento da capacidade computacional, esteve na génese da inteligência artificial). Segundo esta fase «neuronal» dos *media*, a galeria tornar-se-ia um espaço-cérebro.[10]

Descendo pelo lado oposto da rampa, encontramos uma obra que se ouve antes de se ver: onze tubos curvos, ligados a dois dispositivos controlados por algoritmos e que terminam em flautas de vidro, afinadas em diferentes notas, transformam o ar em som. Um som entre a harmonia e a dissonância, o clamor de almas transformado em sopros infindáveis, como «o sopro que é somente espaço transparente», entre os vários que o Grão-Mestre recebe numa passagem de *Baphomet* (1965), de Pierre Klossowski, que Evans escolheu reproduzir no seu volume da série Contemporary Artists da Phaidon.[11] Há algo de diabólico nestes sopros imorredouros. A respiração contínua proveniente da máquina alterna entre a dissonância e a harmonia. O título da obra de Evans, *Composition for Flutes* (2017), refere-se tanto à música gerada pelo algoritmo que regula o ar como se fosse um órgão, como à disposição física das suas partes, que se constitui como uma escultura que reúne objeto e som. Não estamos perante a música do cosmos nem uma harpa eólica, um instrumento de cordas tocadas pelo vento, símbolo de harmonia entre os seres humanos e a natureza. Aproxima-se mais de um órgão, com o algoritmo a servir de compositor – inscrevendo-se na história da música algorítmica, que remonta ao século XVII e que se desenvolveu no âmbito

knowledge of all things from all times from all places'. In a way, both are forms of madness produced out of computational rationality.

The neon folds and turns delineate the kind of emptiness that has a positive role in Chinese and Japanese art forms, particularly Noh theatre, where silence and pauses between sound and movement are crucial to its rhythm. In addition to the *kata* diagrams, which serve as a starting point for their transformations, the structural formula for LSD is also supposed to be visible, aligning the generative transformations of the work with the idea of a change of consciousness.[8] William Burroughs experimented with LSD and other hallucinogens, and these experiences contributed to the development, with Brion Gysin, of the cut-up technique applied to text and audiotape. Later, as a 'junky' in remission, Burroughs argued for the development of altered states of consciousness without the use of drugs. Gysin explored this in his *Dreamachine*, invented in 1959, in which pulses of light passing through the holes of a tube on a turntable, over the closed eyelids of the participant, altered the brain's electromagnetic oscillations, leading to visions and a changed mental state.[9] This is a transition from multimedia of the second half of the twentieth century (from Bauhaus to Black Mountain to Happenings to expanded cinema) to the neural that is coming to define the current epoch (which was already being explored in computation from the 1940s to the 1950s, and, with increased computing power, spawned AI). According to the neural stage of media, the gallery would become a brain-space.[10]

Descending the other side of the ramp, you encounter a work that is heard before it is seen: turning air into sound, eleven curving tubes, issuing from two algorithm-driven devices, end in crystal flutes set to different pitches. A sound between harmony and dissonance, the clamour of souls that has become breaths without end, like the 'breath that is only transparent space' among the many received by the Grand Master in the passage from Pierre Klossowski's *The Baphomet* (1965) that Evans chose to reproduce in his Phaidon Contemporary Artists volume.[11] There is something diabolical about these undying breaths. The machine's continuous breathing moves between dissonance and harmony. Evans' title, *Composition for Flutes* (2017), refers both to the music produced by the algorithm that regulates the wind and to the physical disposition of the parts, so that it is a sculpture comprising both object and sound. This is not the music of the cosmos, nor is it like the Aeolian harp, a stringed instrument played by the wind to suggest a harmony between humans and nature. It is closer to an organ, with the algorithm as its composer – placing itself in a history of algorithmic music that goes back to the seventeenth century and developed in experimental sound since the 1950s. The sounds create an atmosphere that changes how the object is experienced and adds another dimension of time, in addition to the visitor's movement. Seeing and hearing an object are not the same, yet as with vision and touch, both senses involve the other: nearness in distance, the outside on the inside, and exteriority as intimacy.

Walking further down the curving ramp to the lower floor, the cool neon of *Forms in Space...* is contrasted with the warm LED lights of three columns. Their shape alludes to Doric columns, which, as an architectural element, are weight-bearing. The Doric order is the oldest of the three classical orders of Greek architecture, associated with strength and stability, and generally used for temples to male gods, rather than the 'feminine' Ionic order. In contrast to the stone columns, these seem more dreamlike and ethereal. The light illuminates

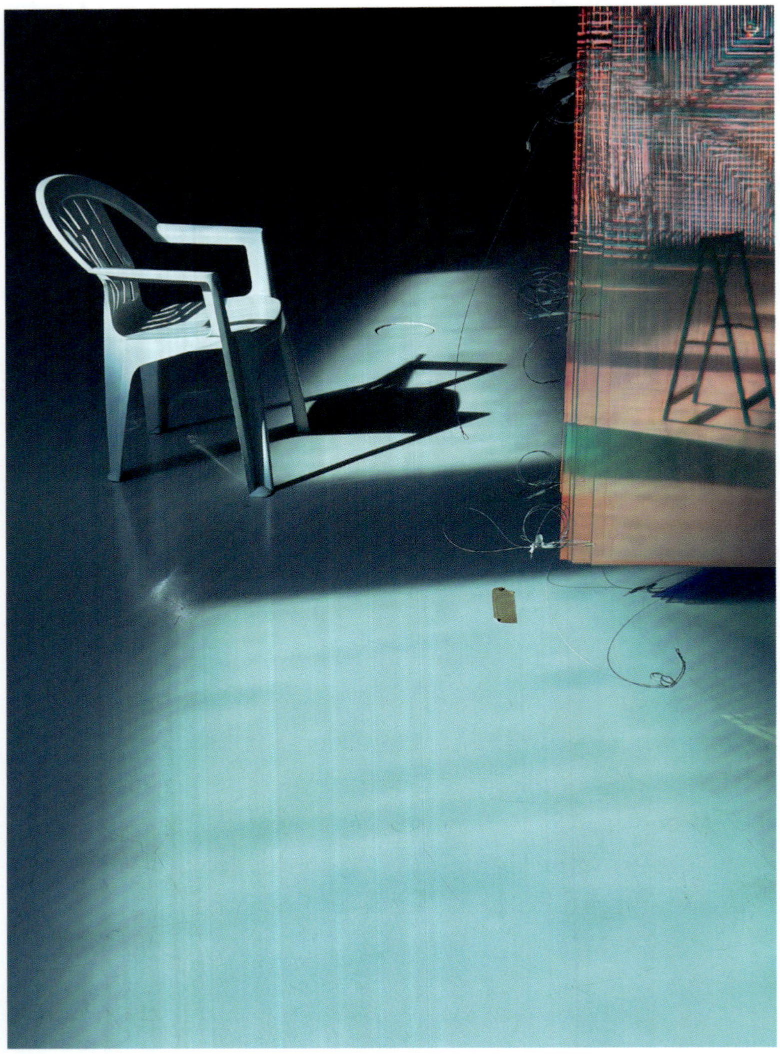

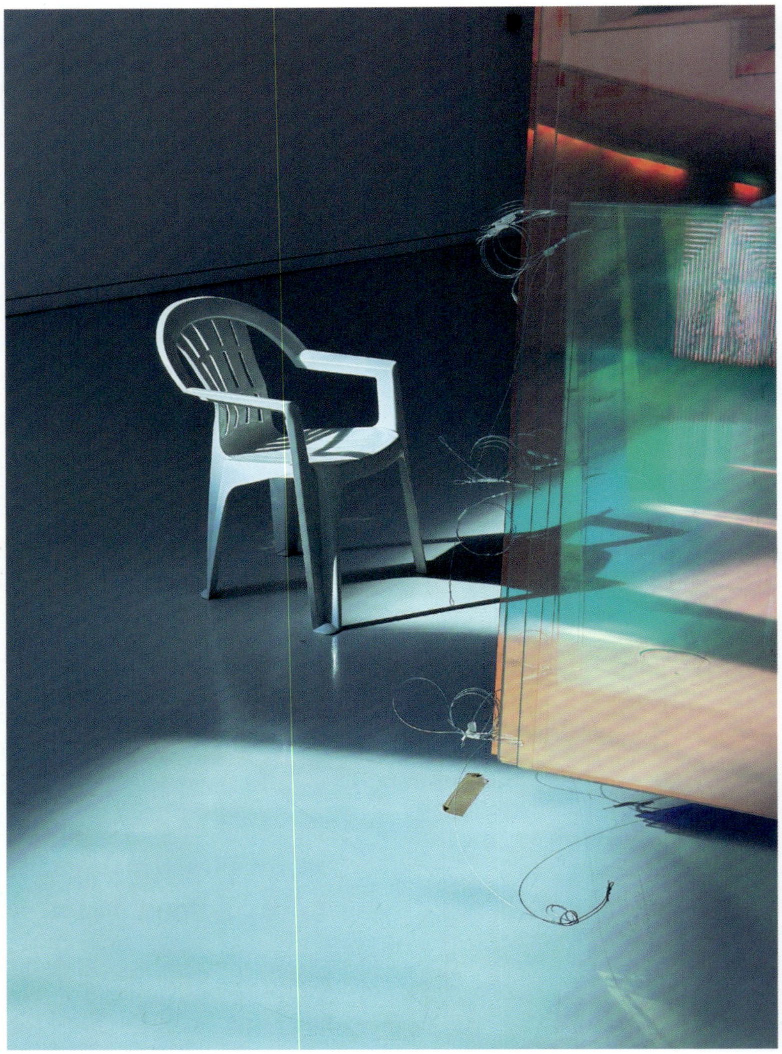

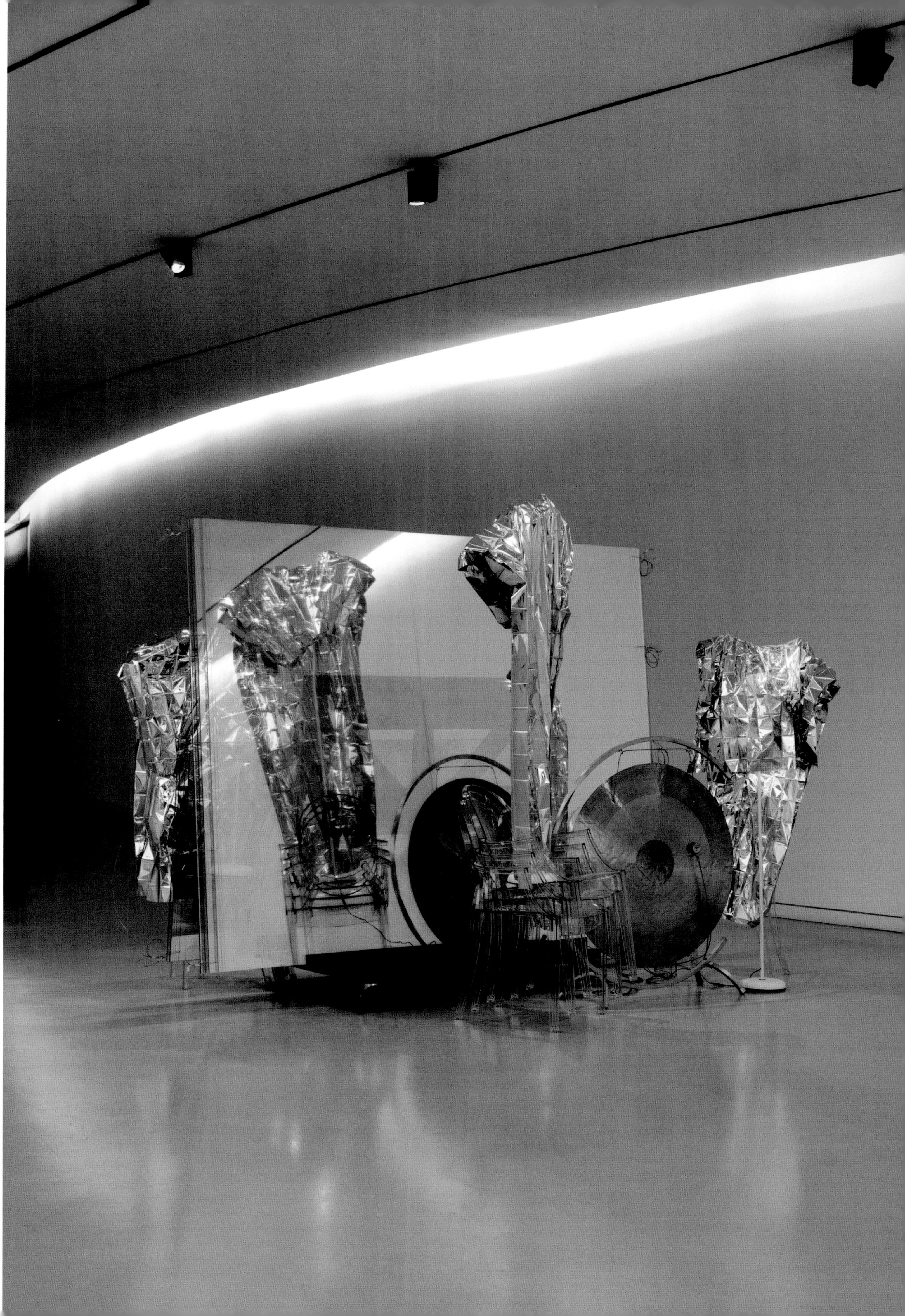

da experimentação sonora a partir dos anos de 1950. Os sons criam uma atmosfera que altera a experiência com o objeto e acrescenta outra dimensão temporal, além do próprio movimento do visitante. Ver e ouvir um objeto não é a mesma coisa, mas, tal como com a visão e o tato, ambos os sentidos se implicam um ao outro: a proximidade na distância, o lado de fora no de dentro e a exterioridade como intimidade.

Continuando a descer a rampa em curva até ao piso inferior, o néon frio de *Forms in Space...* contrasta com o tom quente dos LED de três colunas. A sua forma assemelha-se a colunas dóricas que, enquanto elementos arquitetónicos, são estruturais. A coluna dórica é a mais antiga das três ordens clássicas da arquitetura grega, associada à força e à estabilidade, e geralmente usada em templos dedicados a deuses masculinos, em vez da ordem jónica, considerada «feminina». Em comparação com as colunas de pedra, parecem mais oníricas e etéreas. A luz acende-se e extingue-se a um ritmo que lembra a respiração. Quando a luz se apaga, os tubos e o mecanismo ficam visíveis; quando está acesa, a luz ofusca o visitante, impedindo-o de vê-los, criando um contraste entre iluminação e transparência. Além disso, as colunas não tocam no chão. Estão suspensas do teto em vez de o sustentarem: as colunas dóricas «masculinas» foram transformadas em candeeiros tubulares suspensos, uma atividade gratuita para colunas fora de serviço. Ao acenderem-se e apagarem-se, o seu estado alterna entre luz e objeto.

O título *StarStarStar/Steer (Transphoton)* III *and* VI (2019) contém uma alusão a uma gravura de um poema concreto de Ian Hamilton Finlay, *Star/Steer* (1968), em que, numa forma vertical em ziguezague, o autor repete doze vezes a palavra «star» e termina, na base, com a palavra solitária «steer». Tem sido interpretado como uma referência à navegação pelas estrelas, o que chama a atenção para o modo como as colunas de Evans parecem ter perdido as amarras, estando, em certo sentido, à deriva. Se pensarmos que as estrelas formam constelações, o «steer» do título poderá sugerir a figura de um animal, talvez um novilho, formado pelas três «estrelas» e, por conseguinte, uma constelação. Poder-se-á tratar de uma referência ao poema de Stéphane Mallarmé «Un coup de dés jamais n'abolira le hasard» (1897), cujo arranjo tipográfico na página adquire, perto do final, a forma da Ursa Maior? As inovações tipográficas de Mallarmé transformaram o leitor interpolado, que, em vez de recitar ou seguir um caminho linear, passa a poder escolher entre diferentes percursos e sequências, como o visitante de uma exposição.[12] Os outros títulos de Evans com «=» entre as letras remetem igualmente para a poesia concreta e para o grupo de poetas que exploravam a materialidade da linguagem. A revista L=A=N=G=U=A=G=E foi publicada, nos Estados Unidos da América, entre 1978 e 1981, um período em que a noção rigorosa de materialidade no cinema experimental estrutural-materialista começava a ser alvo de contestação.[13] Não obstante, é possível ver a relação entre o que podemos inferir do trabalho como a abordagem de Evans no que toca à experiência da arte e a abordagem materialista de cineastas como Peter Gidal, que ensinou Evans e desenvolveu a ideia de um cinema enquanto materialidade, não como matéria ou processo empírico, nem como representação ou narrativa, mas como relação temporal individualizada e potencialmente transformadora entre o espectador e o que acontece (dialética, no entender de Gidal).[14] Para Evans, esta dimensão permanece constante, embora filtrada através de outros contextos, designadamente arquitetura, dança, poesia, música experimental, teatro *noh* e jardins *zen*; escritores como Mallarmé, Burroughs, Klossowski

and recedes in a rhythm resembling breath. When the light is off, the tubes and mechanism are visible; when it is on, the light blinds the viewer to the latter, setting up a contrast between illumination and transparency. Moreover, the columns do not reach the ground. They are suspended from, as opposed to supporting, the ceiling: the 'masculine' Doric columns have been turned into tubular hanging lamps, a gratuitous activity of out-of-work columns. As they turn on and off, they change their state between light and object.

The title, *StarStarStar/Steer (Transphoton)* III and VI (2019), contains an allusion to a print of a concrete poem of 1968 by Ian Hamilton Finlay, *Star/Steer*, where a vertical, zigzag form that repeats the word 'star' twelve times ends at the bottom with the single word 'steer'. It has been taken to refer to navigation by the stars and thus draws attention to the way Evans' columns have been unmoored and are, in a sense, wandering. If we take the stars as forming constellations, the 'steer' of the title could suggest the figure of the animal, a bullock, perhaps, formed by the three 'stars' and therefore a constellation. Could this be a reference to Stéphane Mallarmé's poem 'Un coup de dés jamais n'abolira le hasard' (1897), where, towards the end, the type on the page forms the shape of the Great Bear? Mallarmé's typographic innovations in the poem transformed the interpolated reader, who, rather than reciting or following a linear path, is given the possibility to choose among different paths and sequences, like a visitor to an exhibition.[12] Evans' other titles with '=' between the letters also reference concrete poetry and the group of poets who focused on the materiality of language. L=A=N=G=U=A=G=E magazine in the US was published between 1978 and 1981, a period when the hard-line notion of materiality in structural-materialist experimental cinema was being questioned.[13] Nonetheless, it is possible to see the relation between what we can infer from the work as Evans' approach to the experience of art and a materialist approach to film like that of Peter Gidal, who taught Evans and had developed a notion of film in its materiality, not as empirical stuff or process, nor as representation or narrative, but as a one-to-one temporal relation between the viewer and what is going on in a potentially transformative way (for Gidal, understood as dialectical).[14] For Evans, this remains a constant while being inflected through other frameworks, including architecture, dance, poetry, experimental music, Noh theatre and Zen gardens; writers including Mallarmé, Burroughs, Klossowski and Raymond Roussel; and, not least, artists including Duchamp, Marcel Broodthaers, John Cage, David Tudor, Brion Gysin and Marc Camille Chaimowicz.

What is happening with *StarStarStar/Steer (Transphoton)* is that the columns change state depending on whether the LEDs are on or off. 'Steer' meaning guidance also evokes the 'steersman' in the etymology of 'cybernetics' from the Greek 'kybernētēs'. The parenthetical title 'Transphoton' refers to a speculative theory in quantum physics about the ability of photons (the quantum of light) to transition between states and media, which would allow them to pass through barriers and transcend the limits of how light has been understood in classical physics.[15] If the column stands for the classical, the transphoton transitions to another cosmology.

The cosmic allusion in the title of *StarStarStar/Steer*, the other side of its base(less)ness, is carried over into a nearby work. At first, the visitor sees a concave circular disc, wired, with metallic circles on it. Leaning over *Audio Column (incarnation Lisboa)* (2025), one hears unearthly sounds emanating from planets,

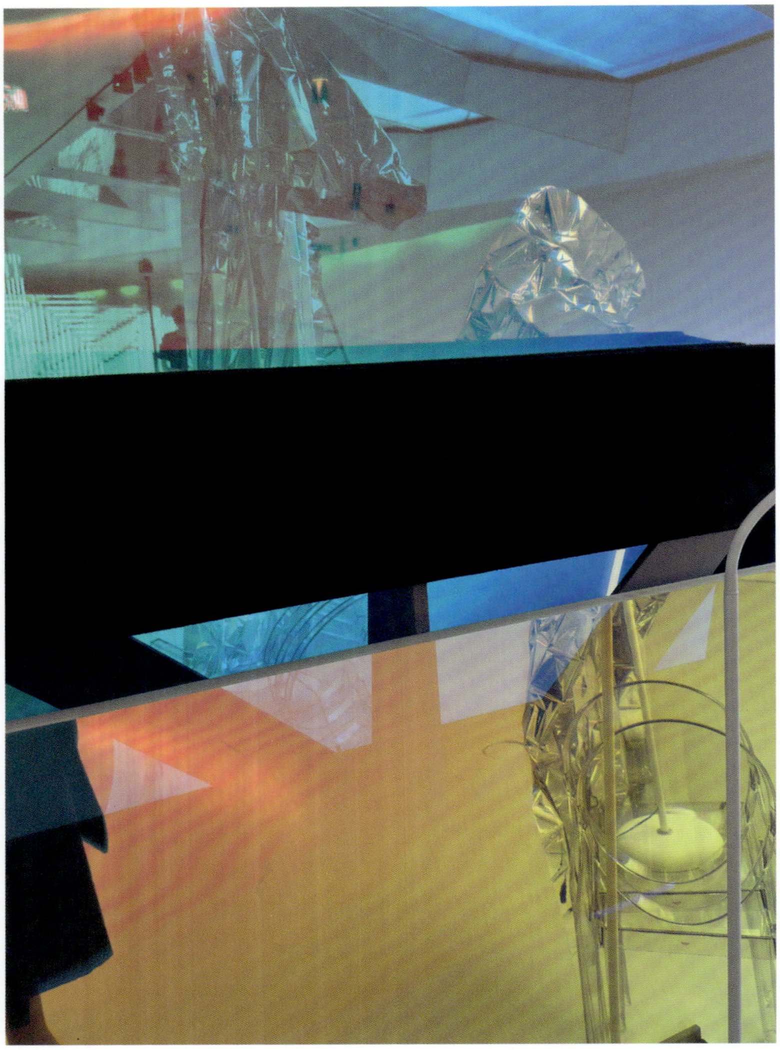
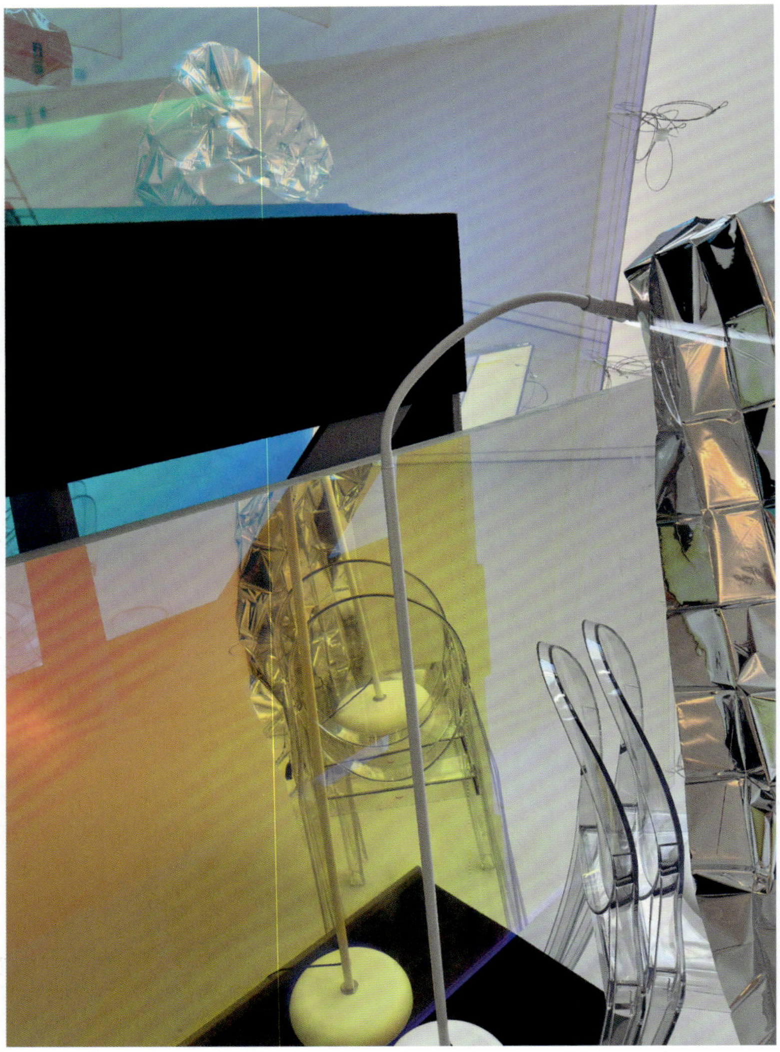

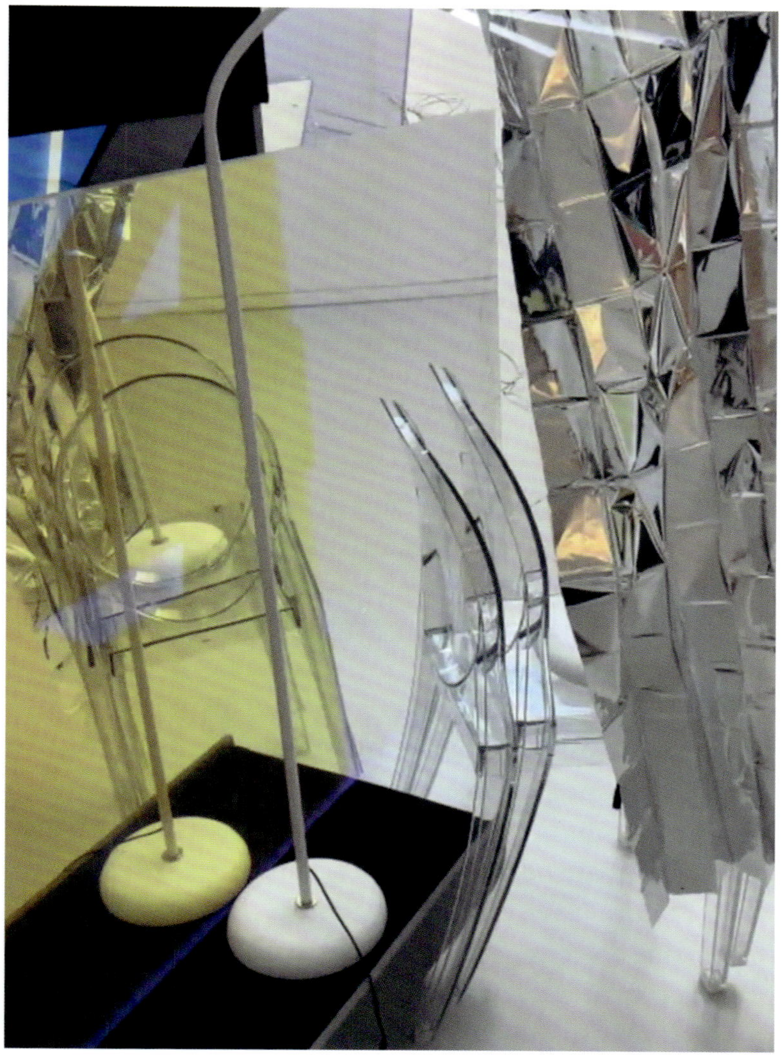

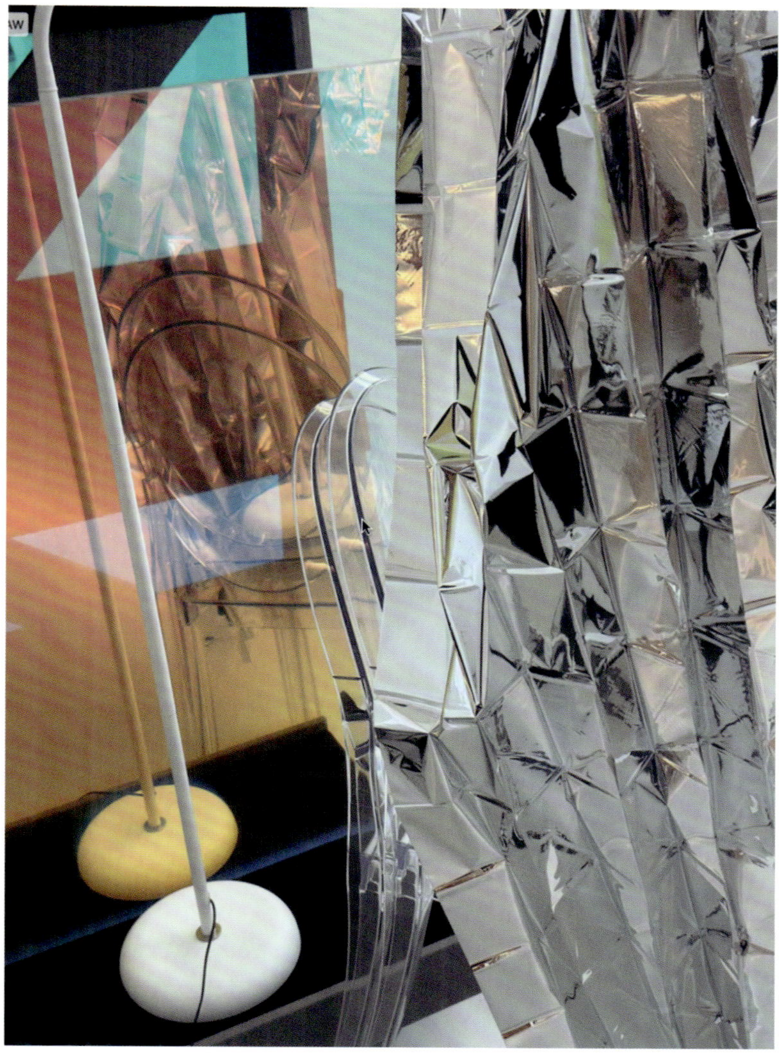

e Raymond Roussel; e, não menos importante, artistas como Duchamp, Marcel Broodthaers, John Cage, David Tudor, Gysin e Marc Camille Chaimowicz.

O que acontece em *StarStarStar/Steer (Transphoton)* é que o estado das colunas se altera consoante os LED estão acesos ou apagados. «Steer», no sentido de orientação, evoca também o «timoneiro» na etimologia de «cibernética», do grego «kybernētēs». O título parentético «transphoton» refere-se a uma teoria especulativa da física quântica sobre a capacidade de os fotões (o *quantum* de luz) transitarem entre estados e meios, permitindo-lhes atravessar barreiras e ultrapassar os limites do modo como a física clássica concebe a luz.[15] Se a coluna representa o clássico, o «transphoton» transita para outra cosmologia.

A alusão cósmica presente no título *StarStarStar/Steer*, o reverso da sua ausência de base, estende-se à obra ao lado. À primeira vista, o visitante depara-se com um disco circular côncavo, ligado por fios, com círculos metálicos na sua superfície. Inclinando-nos sobre *Audio Column (incarnation Lisboa)*, 2025, ouvimos sons extraterrestres oriundos de planetas, estrelas e outros corpos celestes, captados por um radiotelescópio. A coluna é invisível, mas audível. Estabelece uma ligação entre a terra, o chão que pisamos, e o cosmo. Quando nos viramos para o corredor, um lugar de transição entre espaços, que é também, tal como sucede com outros corredores, um não-lugar, avistamos, na parede, uma secção onde três discos negros de pedra refletora estão embutidos a diferentes alturas do chão (uma referência às três colunas), como que a convidar os visitantes a olhar para eles. Talvez os espelhos de obsidiana de *Shrine* (2017) estejam relacionados com o «espelho fumegante» (tradução do nome do deus Tezcatlipoca) mesoamericano, utilizado para adivinhação, viagens espirituais e comunicação com divindades e antepassados. John Dee, polímata renascentista e conselheiro de Isabel I, possuía um espelho de obsidiana mesoamericano que usava para «perscrutar», adivinhação do futuro e comunicação com espíritos e anjos. Em 2004, Evans criou uma obra em que, com uma máquina, converteu em código Morse uma passagem do longo poema de Merrill, *The Changing Light at Sandover*, depois transmitida pelos breves e longos clarões de um candeeiro suspenso do teto. No poema de Merrill, aparecem frequentemente espelhos, e um deles desempenha um papel central: está pousado numa cadeira de frente para Merrill e o seu companheiro, que seguem os movimentos do copo virado ao contrário sobre um tabuleiro *ouija*. O espírito Efraim, com quem comunicam, vê-os através desse espelho, que assim se torna um portal para entrar e sair do mundo espiritual. Quando Maya Deren, a bailarina e coreógrafa que realizou um filme sobre o vudu haitiano, *Divine Horsemen: The Living Gods of Haiti* (EUA, 1977), vem fazer uma visita, Efraim fá-la posicionar-se entre dois espelhos, o formato que Evans usou na exposição que apresentou no Centre Pompidou-Metz, entre novembro de 2024 e meados de abril de 2025.[16] O espelho de obsidiana é, por natureza, paradoxal, pois absorve e reflete luz, simultaneamente; por isso, em vez de produzir um espaço virtual refletido, como uma mimese invertida, suspende o reflexo do espectador sobre um buraco negro ou, segundo a crença esotérica, um portal.

Do corredor, avistam-se três obras. Na parede em frente, encontra-se *Mobius Strip* (2006), em que a figura geométrica, cuja superfície frontal está pintada de preto, é revelada em néon. Impossível de reproduzir com exatidão em néon, a fita de Möbius é uma forma em que o anverso se torna reverso e vice-versa, num movimento infinito. De igual modo, interior e exterior trocam de lugar, remetendo para o que o psicanalista Jacques Lacan denominou «extimidade», um exterior

stars and other astral bodies, recorded by a radio telescope. The column is invisible but audible. It connects the earth, the ground on which we stand, to the cosmos. Turning from this work to the passage, a place of transition between spaces which is also itself, like corridors, a non-place, you see on the wall a section containing three black discs of reflective stone embedded at varying heights above the ground (echoing the three columns), as if inviting viewers to look into them. The obsidian mirrors of *Shrine* (2017) could be connected with the Mesoamerican 'smoking mirror' – a translation of the god Tezcatlipoca's name – that was used for divination, spiritual journeys and communicating with gods and ancestors. John Dee, Renaissance polymath and advisor to Elizabeth I, owned a Mesoamerican obsidian mirror that he used for 'scrying', divination of the future and conversation with spirits and angels. In 2004 Evans created a work in which a passage from James Merrill's long poem *The Changing Light at Sandover* was converted into Morse code by a machine and transmitted by the long and short flashes of a lamp hanging from the ceiling. Mirrors appear many times in Merrill's poem, and one in particular plays a crucial role: a mirror placed on a chair facing Merrill and his companion as they follow the movements of the upturned cup on a Ouija board. The spirit Ephraim, with whom they communicate, can see them by means of that mirror, which thereby becomes a portal to and from the spirit world. When Maya Deren, the dancer and choreographer who made a film on Haitian Vodou, *Divine Horsemen: The Living Gods of Haiti* (1977), comes to visit, Ephraim has her stand between two mirrors, the format Evans used for his exhibition at the Centre Pompidou-Metz from November 2024 to mid-April 2025.[16] The obsidian mirror is paradoxical, since it both absorbs and reflects light, so that instead of a virtual reflected space as an inverted mimesis, it suspends the viewer's reflection over a black hole or, according to esoteric lore, a portal.

Emerging from the passageway, three works are visible. On the facing wall is *Mobius Strip* (2006), where the geometric figure is indicated in neon, with the front surface painted black. It is impossible to render exactly in neon; in the Möbius strip, the front becomes the back and the back becomes the front ad infinitum. Equally, inside and outside exchange places, suggesting what the psychoanalyst Jacques Lacan called 'extimity' – an intimate outside, or an outside on the inside.[17] Inside and outside are only distinguished by the dimension of time, whereby the strip becomes a passage. The Möbius strip is the necessary supplement to baroque spatiality, the 'solution' to the distinction between inside and outside (the upper and lower levels of the Leibnizian model in Deleuze's *The Fold*, the disjunction of façade and interior in architectural terms): in the journey along the surface of the Möbius strip, inside becomes outside and outside inside ad infinitum. The depiction of the Möbius strip also suggests a chiasmus, a crossing in which one side becomes the reversal, or inversion, of the other. Through the phenomenological experience of the reversibility of the touching and the touched, the philosopher Maurice Merleau-Ponty developed the idea that seeing involves being seen and that the embodied self is implicated in the 'flesh of the world'.[18] However, as the Greek letter X ('chi') suggests, the sides of the twist include a minuscule difference or asymmetry – the 'infrathin' as Duchamp calls it.

Two folding screens stand on plinths, the glass in their frames having been smashed. The web of cracks undoes the apparent transparency, catching the view.

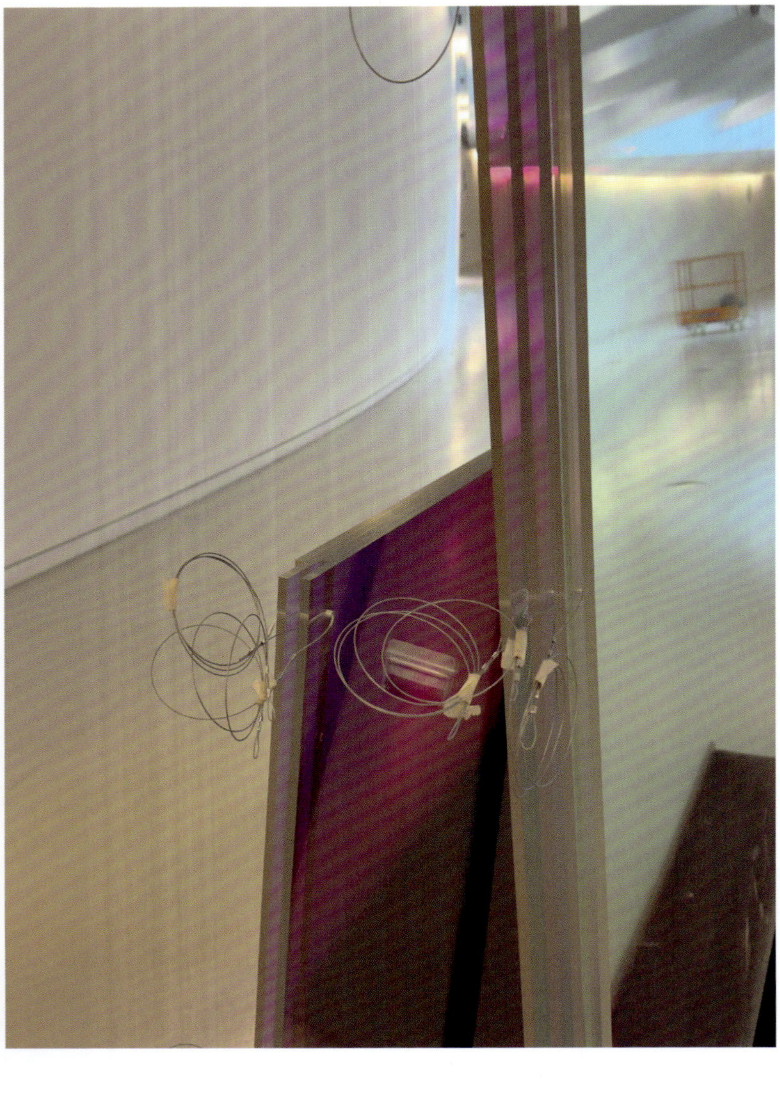

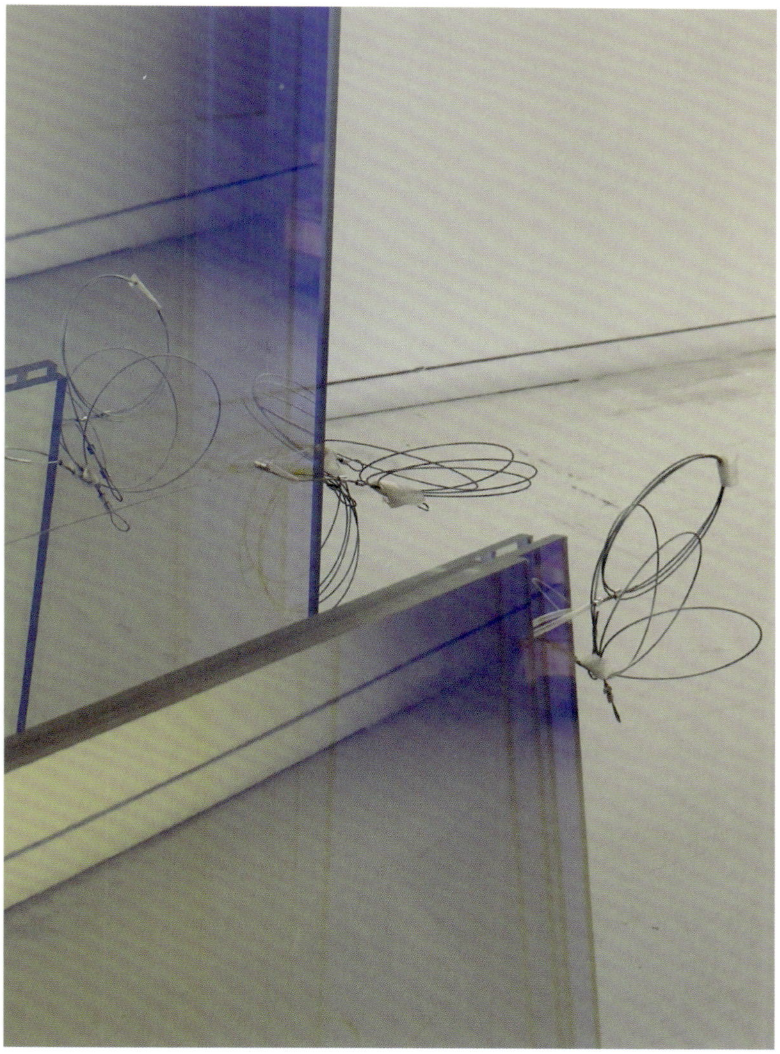
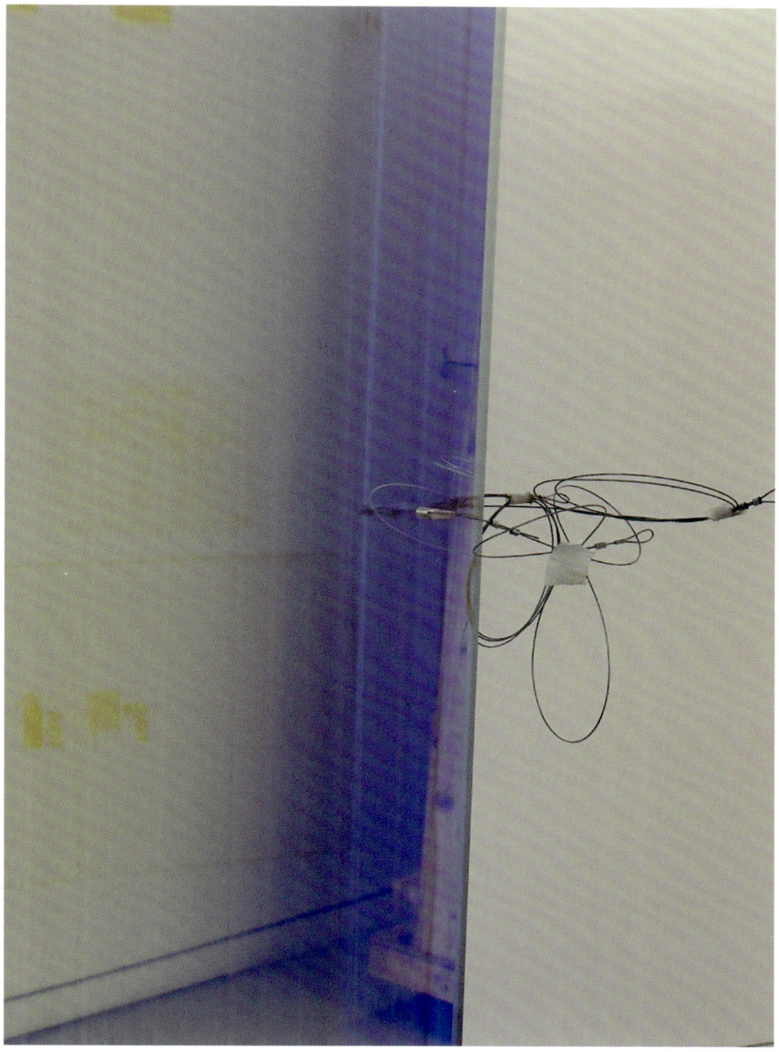

íntimo ou um exterior no interior.[17] Interior e exterior distinguem-se apenas pela dimensão temporal, pela qual a fita se torna uma passagem. A fita de Möbius é o complemento necessário da espacialidade barroca, a «solução» para a distinção entre interior e exterior (os níveis superior e inferior do modelo leibniziano referido n'*A Dobra*, de Deleuze, a separação entre fachada e interior, na arquitetura): no percurso ao longo da fita de Möbius, interior torna-se exterior e exterior torna-se interior, infinitamente. A maneira como a fita de Möbius é representada evoca também um quiasma, uma interseção em que um dos lados se torna o reverso ou a inversão do outro. Através da experiência fenomenológica da reversibilidade entre o tocar e ser tocado, Maurice Merleau-Ponty desenvolveu a ideia de que ver pressupõe ser visto e que o sujeito encarnado se encontra implicado na «carne do mundo».[18] Porém, como a letra grega X (chi) indica, as duas faces da torção contêm uma minúscula diferença ou assimetria, o que Duchamp designava por *inframince*.

Assentes em plintos, dois biombos cujos painéis de vidro foram partidos. A rede formada pelas fissuras destrói a aparente transparência, retendo o olhar. O biombo situa-se na interseção de duas visualidades, representadas pela janela e pela dobra. Tal como nos candelabros, os biombos são o mesmo duplicado, com uma diferença – não têm as mesmas dimensões. As duas peças que constituem *Folds...in shade (also light and shade)*, 2020, recuperam o acidente envolvendo *Le Grand verre*: o vidro, que se partiu quando estava no armazém, foi posteriormente incorporado pelo artista na sua peça. Ironicamente, a intervenção do acaso tornou a obra única e inimitável.

Passando os biombos partidos de *Folds...in shade*, há uma entrada para um espaço lateral escurecido onde se encontram três móbiles compostos por ecrãs que se movem lentamente – para-brisas de um automóvel ou camião, mas estilhaçados. Três projetores iluminam a parede de modo a que as sombras e os reflexos rendilhados se movimentem como num teatro de marionetas. As projeções de luz e dos próprios ecrãs são ocasionalmente intercaladas com projeções de teatro *noh*. Os ecrãs movem-se lentamente, impulsionados pela circulação do ar e os remoinhos causados pelos visitantes; como um móbil de Calder, o seu movimento combina com os gestos solenes e formais dos atores no teatro *noh*. Uma dança executada por ecrãs estilhaçados que, ao refletirem a luz, se transformam em espelhos partidos e em viseiras ou máscaras gigantes. Esses ecrãs remetem ainda para outros ecrãs da vida contemporânea, como os de computadores e telemóveis. O estilhaçar de um para-brisas evoca também, de forma cinematográfica, o acidente, reminiscente de um quadro da série «Death and Disaster», de Andy Warhol, e provoca uma sensação de mau agouro e rescaldo.

O conceito de *phase shift* na música experimental refere-se ao processo de combinar e desfasar ondas sonoras, criando ciclos de retroalimentação, sobreposições, eco sonoro e variações imersivas de perspetiva acústica. Esta foi uma técnica usada por David Tudor, que interpretou a peça *4'33"*, de Cage, e que depois desenvolveu a sua própria música experimental e instalações sonoras, nomeadamente a peça eletroacústica ambiental *Rainforest IV* (1973), em que objetos suspensos do teto vibravam por meio de transdutores, funcionando como altifalantes independentes. Tudor compôs a versão inicial em 1968 para acompanhar o bailado *RainForest* de Merce Cunningham. Som e objeto estão ligados através da ressonância.

The screen sits at the intersection of two visualities, signified by the window and the fold. Here the screens are also doubled, with a difference – they are not the same size. The two *Folds...in shade (also light and shade)* (2020) are a reminder of the accident that befell Duchamp's *Large Glass*: the glass broken in storage that the artist incorporated into the work. Ironically, this result of chance renders the work singular and inimitable.

Beyond the broken screens of *Folds...in shade* lies a darkened side-space containing three mobiles with slowly moving screens – like those of a car or truck, but they have been shattered. Three projectors provide light so that on the walls, filigree reflections move like a shadow puppet play. Projections of light, and of the screens themselves, are occasionally interspersed with projections of Noh theatre. The screens move slowly, driven by air and eddies generated by visitors; like a Calder mobile, their motion rhymes with the stately, formal movements and gestures of Noh actors. A dance of shattered screens which, as they also reflect the light, become cracked mirrors and giant visors or masks. The screens allude to other screens in contemporary life, such as those on computers and mobile phones. The shattering of a car screen also evokes, cinematically, the accident, reminiscent of an Andy Warhol *Disaster* painting, and induces a sense of both foreboding and aftermath.

'Phase shift' in experimental music is the process of combining and delaying waveforms, creating feedback loops, overlaps, sonic echoes and immersive shifts in sound perspective. This was a technique used by David Tudor, who performed John Cage's *4'33"* and went on to make experimental music and sound installations in his own right, including the electroacoustic environment *Rainforest* IV (1973), in which objects suspended from the ceiling, vibrating via transducers, functioned as independent loudspeakers. Tudor made the initial version in 1968 to accompany a dance of the same name – *RainForest* – by Merce Cunningham. Sound and object are connected through resonance.

Tudor devised *Bandoneon! (a combine)* in October 1966 as part of the *9 Evenings Theatre and Engineering* performance series. (The 'combine' in parentheses, an allusion to Robert Rauschenberg, may be taken as a modality of assemblage.) Tudor's original idea for his contribution to *9 Evenings* was to realise Mauricio Kagel's 'Möbius-Strip composition' *Alle Rechte vorbehalten* ('All Rights Reserved') – a conceptual work inspired by the continuous, paradoxical form of the Möbius strip where beginning and ending are seamlessly joined, creating an endless loop much like the physical Möbius strip, so there is no fixed starting point and no ending or resolution. Appropriately, given the position of Evans' *Mobius Strip* on the wall outside the darkened space housing *Phase Shift*, this suggests the structural principle of the Möbius strip, the infinite twisting of inside and outside. The *Folds...in shade* articulate the transition from the perspectival space based on the window, via the breakage alluding to *The Large Glass* and the cracking of that model, to a topological folded space, preparing for the transformation of the viewer in *Phase Shift with projections (after David Tudor) for* MAAT (2025).

The visitor enters a darkened interior, the walls painted black, to confront the smashed windscreens/visors. Whether we are looking at them from the outside in, or from inside out, keeps changing as they rotate, and we move in a continual inversion of position which does not allow a centred perspective. The light from the three projectors passing through and refracting, casts shadows of screens and cracks, turning this 'interior' into a permutation of expanded

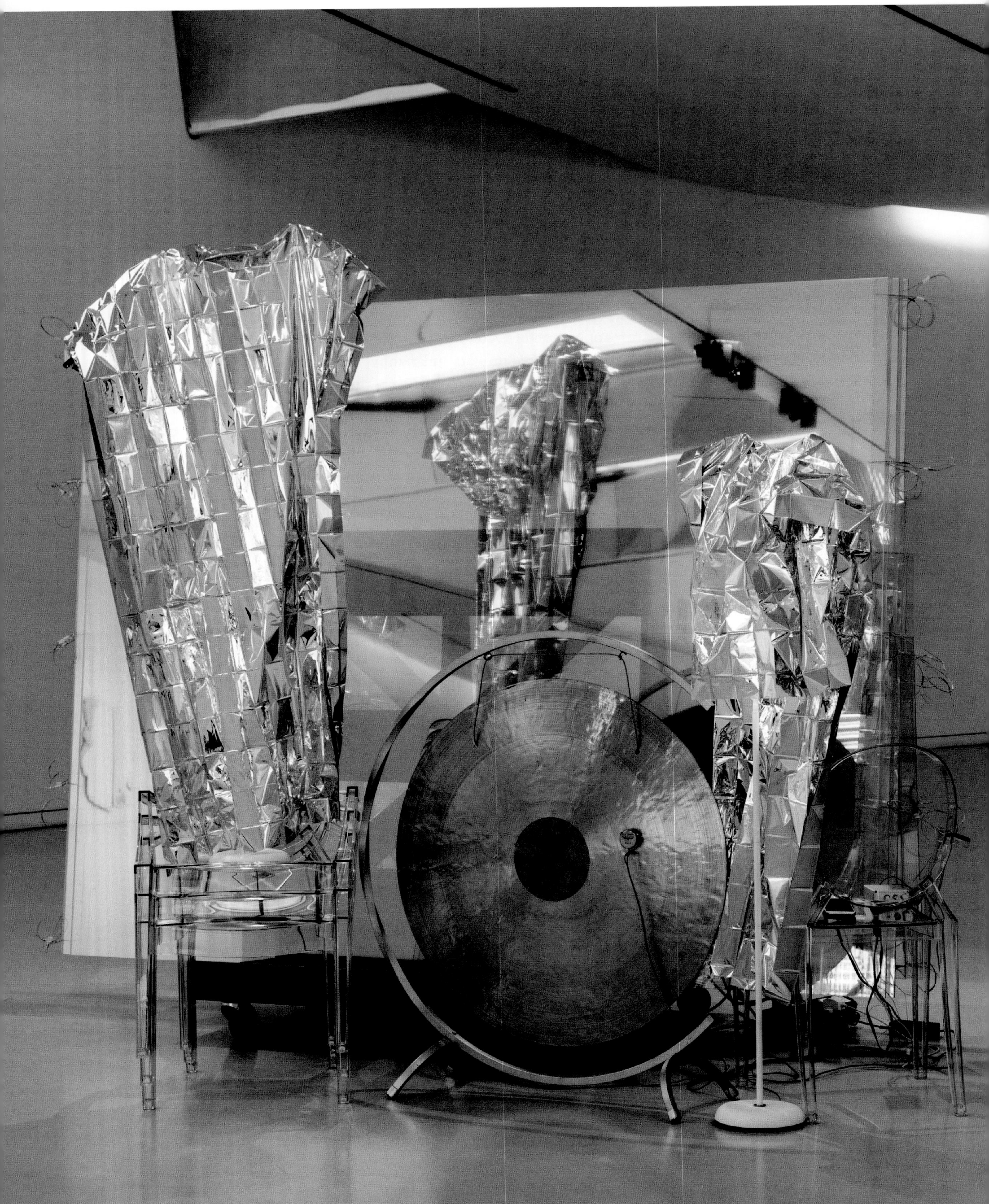

IN GIRUM

Tudor concebeu *Bandoneon! (a combine)* em outubro de 1966, no âmbito de um conjunto de *performances* intitulado *9 Evenings: Theatre & Engineering* (o «combine» entre parênteses, uma referência a Robert Rauschenberg, pode ser interpretado como uma modalidade de *assemblage*). A ideia original de Tudor para *9 Evenings* era fazer um arranjo estilo «fita de Möbius» de Mauricio Kagel, *Alle Rechte vorbehalten* – uma obra conceptual, inspirada na forma contínua e paradoxal da fita de Möbius, em que início e fim se unem perfeitamente, criando um circuito interminável semelhante à fita de Möbius física, sem ponto fixo de partida e sem fim ou resolução. A posição da *Mobius Strip* de Evans no exterior da parede do espaço escuro que acolhe *Phase Shift* permite evidenciar o princípio estrutural da fita de Möbius: a infinita torção do interior e do exterior. *Folds...in Shade* articula a transição do espaço perspetivista centrado na janela – por meio da fratura que remete para *Le Grand verre* e para o estilhaçamento desse modelo – para um espaço topológico dobrado, preparando a transformação do visitante em *Phase Shift with projections (after David Tudor) for* MAAT (2025).

O visitante entra num espaço interior escurecido, com as paredes pintadas de preto, e depara-se com os para-brisas estilhaçados. Ora os vemos de fora para dentro, ora de dentro para fora, tudo se alterando à medida que rodam e nos movemos, numa inversão contínua de posição que não permite qualquer perspetiva centrada. A luz dos três projetores, conforme atravessa as peças e se refrata, projeta as sombras dos écrãs e das fissuras, transformando este «interior» numa combinação de cinema expandido que conjuga formalidade – uma espécie de dança – e catástrofe. *Phase shift* pode igualmente descrever a transformação cultural e histórica de um modo não-linear e não-teleológico, substituindo a ideia de «mudança de paradigma». As mudanças de fase não definem nem o início nem o fim, nem o interior nem o exterior – daí a adoção da estrutura de Möbius em vez de uma linha ou espiral (dialética). A mudança de fase é simultaneamente estética e existencial, e constitui igualmente uma forma de refletir acerca da experiência que a exposição proporciona no seu conjunto.

Tudor passou de intérprete de música alheia (como pianista) a «operador», no sentido mallarmeano,[19] da obra de Cage (em *4'33"*, não «toca» piano – em vez disso, opera-o, abrindo e fechando a tampa segundo as durações temporais especificadas na partitura); posteriormente, tornou-se operador/controlador de equipamento e circuitos eletrónicos, numa parceria em que o som é produzido e modulado, acabando por usar objetos como ressoadores. Este processo ocorre por intermédio do equipamento (que substitui os instrumentos), mas também através da *performance*, por conseguinte, da encenação e, até, do teatro (com Merce Cunningham e outros). A «performance do livro» de Mallarmé, pelo que se deduz das notas a *Le Livre*, publicadas postumamente, também se alargava ao teatro de modo a tornar-se uma festividade pública ou um festival, que o operador produzia e onde atuava.[20] Tudor, por intermédio de Mary Richards, também se dedicou a fundo às ideias de Antonin Artaud sobre teatro, nomeadamente o teatro da crueldade.[21] Tratava-se de um teatro do corpo, não enquanto estrutura de órgãos (o Homem Vitruviano), mas só de nervos e impulsos.
O modo como isto se relaciona com a transição atual para a era «neuronal» permanece em aberto. Em *Phase Shift (after David Tudor)*, há uma combinação entre os para-brisas estilhaçados (que podem ser igualmente interpretados como máscaras de grandes dimensões) e projeções de vídeo de peças *noh*. Podemos estabelecer uma ligação, por um lado, com aquele que era o papel do teatro

cinema that combines formality – a kind of dance – with catastrophe. 'Phase shift' may also describe cultural and historical change in a non-linear, non-teleological way, replacing the idea of 'paradigm shift'. Phase shifts are indeterminate regarding both beginning and end, and inside and outside – hence the Möbius structure rather than a line or (dialectical) spiral. Phase shifting is both aesthetic and existential, and it is also a way of thinking about the experience of the exhibition as a whole.

David Tudor transitioned from being a performer of the music of others (a pianist) to being the 'operator', in the Mallarméan sense,[19] of the work of John Cage (in *4'33"* he doesn't 'play' the piano but operates it by opening and closing the lid according to the time intervals specified in the score) to being the operator/controller of electronic equipment and circuits in a partnership where the sound is produced and modulated, eventually using objects as resonators. This process occurs not only via equipment (replacing instruments) but also via performance and, by implication, staging and even theatre (with Merce Cunningham and others). Mallarmé's 'book performance', inferred from the posthumously published notes for *Le Livre*, also involved theatre in order to become a public feast or festival, which the operator both produced and acted within.[20] Tudor, through Mary Richards, was also deeply involved with Antonin Artaud's ideas of theatre, including the theatre of cruelty.[21] This would be a theatre of the body, not thought of in terms of organs (the Vitruvian Man) but of nerves and impulses. How this will play out in relation to the current transition into the 'neural' age is in question. In *Phase Shift (after David Tudor)*, the smashed windscreens (which could also be read as large-scale masks) are combined with projections of video of Noh theatre. We might relate this, on the one hand, to the role of Balinese theatre for Artaud,[22] and on the other hand, to the Butoh that followed Noh, influenced by Artaud, as a response to the trauma of Hiroshima and Nagasaki. The Japanese projection accompanies screens that also reference Warhol's *Disaster* paintings, made using screen printing to generate (traumatic?) repetition with difference.

The scientific version of the concept of 'phase shift' – a change in state – could be applied to the way Evans works in relation to his models: from *kata* diagrams to *Forms in Space*, from Frank Stella *Black Paintings* to *Neon after Stella*, or, indeed, from David Tudor's resonant installations to *Phase Shift*. In the sense of phase shift developed by the philosopher of technology Gilbert Simondon,[23] it consists of a transition from metastability that involves a release and actualisation of potential, which in turn creates a new metastability with further potential. Phase shift is individuation as a process involving state changes, triggered in a metastable system by a catalyst. Resonance establishes relations between states and is engaged in their transitions.

Leading us round the corner into another ample space, set above head height, is a taxidermied magpie with spread wings sitting on a branch of Cappadocian maple – a bird attracted to shiny things and associated with the reconciliation of opposites, also considered a spirit messenger. Evans adapts the title, *Please Pay Attention Motherfucker* (2006), from the words in a Bruce Nauman lithographic print from 1973 titled *Pay Attention*. The words must have been written normally on the stone, because they appear reversed, or as a mirror image, in the print. This alludes to another work by Evans in the show, the green neon TIX3 (1994), which in Lisbon has been placed in a hatch in the ceiling. It was based on an experience Evans

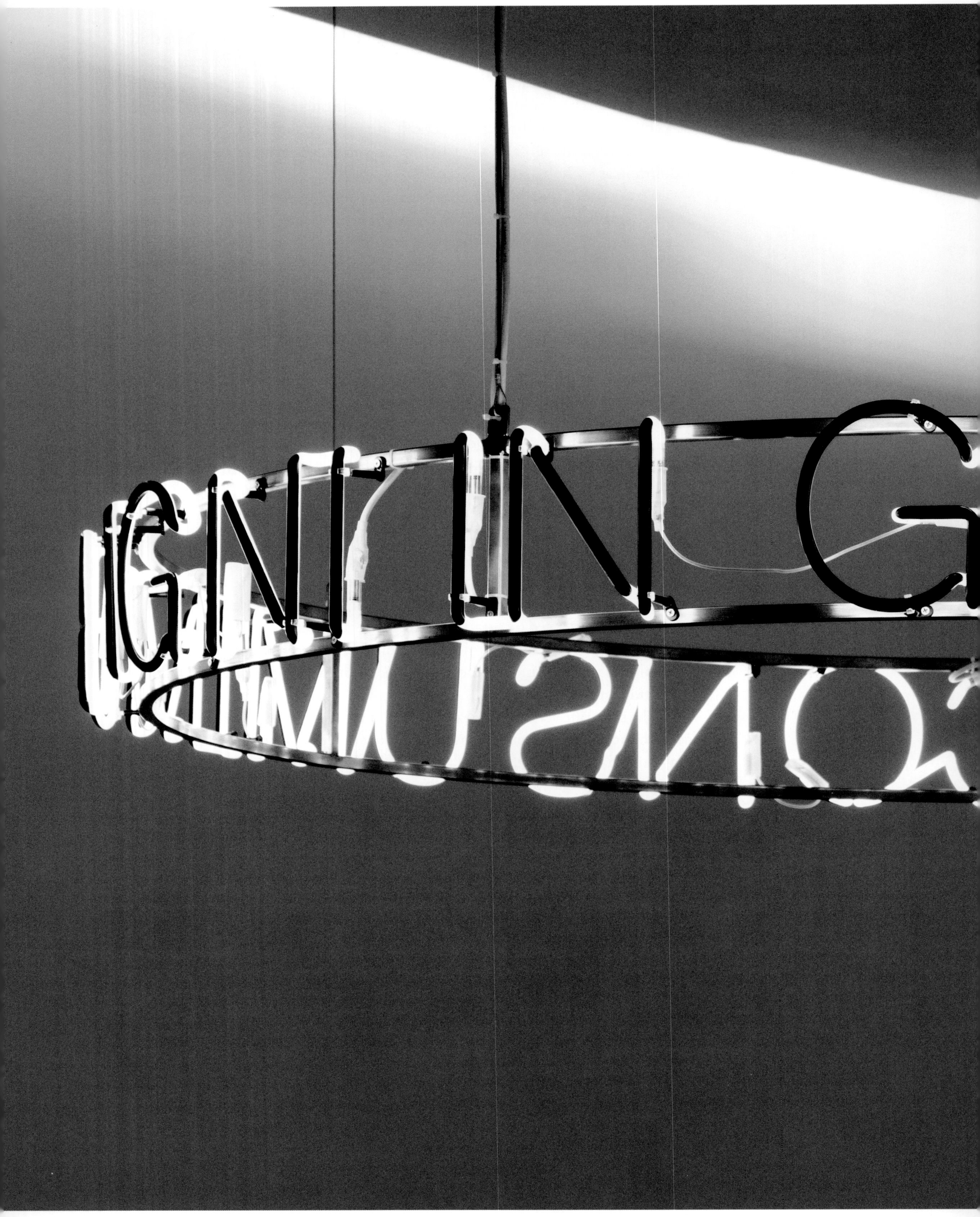

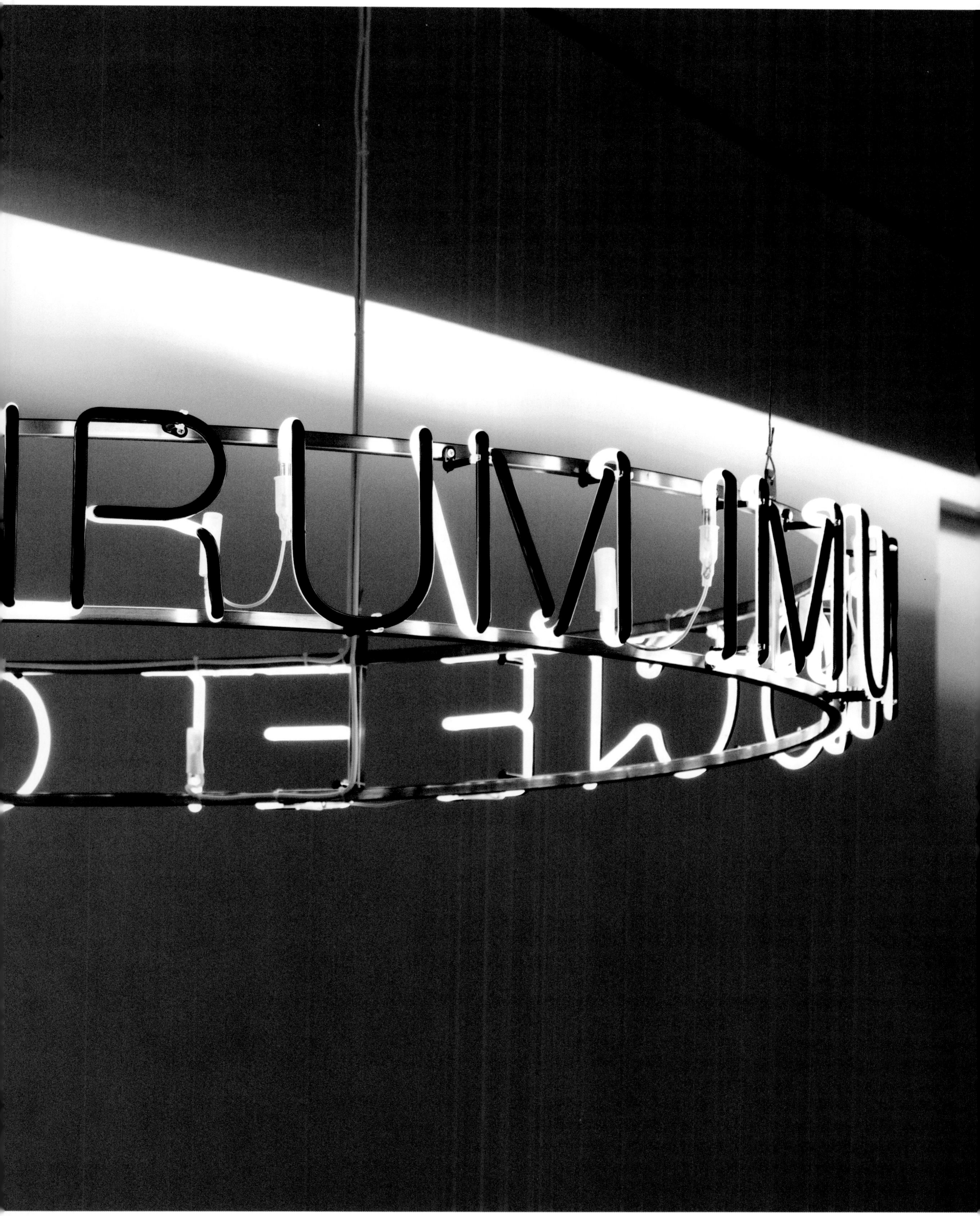

balinês para Artaud,[22] e, por outro, com o *butoh* que sucedeu ao *noh*, influenciado por Artaud, como resposta ao trauma de Hiroshima e Nagasaki. A projeção japonesa acompanha os ecrãs que também remetem para a série *Disaster*, de Warhol, realizada com recurso a ecrãs de impressão serigráfica para gerar repetição (traumática?) com diferença.

A versão científica do conceito de *phase shift* – uma mudança de estado – pode aplicar-se à maneira como Evans trabalha em relação aos seus modelos: dos diagramas *kata* a *Forms in Space*, das *Black Paintings* de Frank Stella a *Neon after Stella*, ou, com efeito, das instalações ressonantes de Tudor a *Phase Shift*. No sentido desenvolvido pelo filósofo da tecnologia Gilbert Simondon,[23] a mudança de fase consiste na transição de um estado metaestável que implica a libertação e atualização de potencial, que, por seu turno, cria uma nova metaestabilidade com mais potencial. A mudança de fase é uma individuação enquanto processo de transformação de estados, desencadeado num sistema metastável por um catalisador. A ressonância estabelece relações entre estados e participa nas suas transições.

Ao virar a esquina, somos conduzidos a um novo espaço amplo por uma pega-rabuda embalsamada, de asas abertas, pousada num ramo de bordo-da-capadócia, que se encontra acima da altura da cabeça – uma ave atraída por tudo o que reluz e associada à reconciliação de opostos, também considerada mensageira espiritual. Evans adapta o título, *Please Pay Attention Motherfucker* (2006), usando as palavras de uma litografia de Bruce Nauman, *Pay Attention*, de 1973. As palavras terão sido escritas na pedra de maneira normal, já que, na impressão, surgem invertidas, como num espelho. Isto remete para outra obra de Evans presente nesta exposição, o néon verde TIX3 (1994), que, em Lisboa, foi instalada numa escotilha no teto. A peça baseia-se numa experiência de Evans à saída de uma sala de cinema e marca a sua passagem do cinema para um tipo de escultura que envolve *media*, luz, som e cenografia. Naturalmente, a dimensão cinematográfica, com ênfase na luz (entendida também como tempo), projeções e ecrãs, continua a ser uma característica do seu trabalho com objetos. A saída vista do outro lado – para lá do espelho – prenuncia a entrada numa nova modalidade de ser, enquanto a pega-rabuda, mobilizando a atenção, é o acesso à obra presente neste espaço.

A pega-rabuda, enquanto ave-espírito e presença que capta o olhar, conduz-nos às obras no espaço seguinte, começando pelo conjunto de pinheiros envasados dispostos à volta de *Composition in Panes (on Reflection)*, 2017, e com *Neon after Stella* (2022). Esta composição transforma o espaço expositivo num pavilhão, ou no que designamos por «jardim de inverno», evocando as instalações de Broodthaers. Evans ficou profundamente marcado com a visita à exposição *Décor: A Conquest*, patente no ICA, em Londres, em 1975, que incluía, entre outras coisas, um grande caranguejo e uma lagosta a jogar cartas, e, junto à janela – com vista para os desfiles militares que entravam e saíam do Palácio de Buckingham –, dois canhões do século XIXe, atrás, um pelouro coberto de flores. Na outra sala, sobre uma mesa de jardim em plástico, encontrava-se um *puzzle* inacabado representando a Batalha de Waterloo. Em 2006, Evans apresentou no ICA uma exposição em diálogo com Broodthaers, intitulada *take my eyes and through them see you*.[24] Outra referência a Broodthaers surge em *Decor-Relic (after J. Wall, MAAT)*, 2025), que usa uma parede da exposição precedente, de Jeff Wall, atravessada pela junta de material flexível que permite ao edifício «ceder» um pouco em caso de sismo, o que faz a ligação entre parede e condições externas, subtilmente subvertendo

had when leaving a cinema and marked his move from film to sculpture involving media, lights, sound and decor. Of course, the cinematic, with its emphasis on light in and as time, projection and screens, continues to be a characteristic of the object work. The exit seen from the other side – beyond the looking glass – suggests an entry into a new modality of being, while the magpie, calling for attention, is an entry-point to the work in this space.

What the magpie, as spirit-bird and attention-caller, leads us to are the works in the space beyond, initially to the group of potted pines that are interspersed around the *Composition in Panes (on Reflection)* (2017) and with the *Neon after Stella* (2022). This turns the exhibition space into a pavilion, or what is known as a 'winter garden', recalling the installations of Marcel Broodthaers. Evans was profoundly affected by visiting Broodthaers' exhibition *Décor: A Conquest* at the ICA, London, in 1975, which included, among other things, a large crab and a lobster playing cards and, by the window, which would have looked onto military parades to and from Buckingham Palace, two nineteenth-century cannons with a cannonball covered in flowers behind them. In the other room, a half-completed jigsaw depicting the Battle of Waterloo lay on a plastic garden table. In 2006, Evans made an exhibition at the ICA in dialogue with Broodthaers, titled *take my eyes and through them see you.*[24] Another nod to Broodthaers is *Decor-Relic (after J. Wall, MAAT)* (2025), part of a wall left behind from the exhibition by Jeff Wall that preceded his own, through which runs the seam of flexible material that allows the building some 'give' in the case of earth tremors, so relating the wall to external conditions, while gently undermining the fetishisation of the picture. 'Décor', which was Broodthaers' preferred generic description – he didn't like 'installation' – in French refers to both theatre and film set, while ironically quipping about art as a background decoration for colonialism. In Broodthaers' *Un Jardin d'Hiver* (Winter Garden) (1974), with its potted palms, the *mise-en-scène* becomes the exhibition, theatre turned inside-out.

Initially a writer, at the age of forty Broodthaers began his career as an artist with an operation on poetry, rendering unsold volumes of his own poetry unreadable by lodging them in plaster of Paris in *Pense-Bête* (1964). In 1969 he published the artist's book *Un coup de dés jamais n'abolira le hasard* ('A throw of the dice will never abolish chance'), where he replaced the lines of Mallarmé's poem of the same title with black rectangles. Broodthaers subtitled the book *Image* to contrast with Mallarmé's '*poème*'. Evans has performed a further operation on Broodthaers' operation on Mallarmé by cutting out the rectangles of text from the pages of Mallarmé's poem, replacing Broodthaers' rectangles with emptiness. The individual pages of *Shadows* (2012) are framed in Perspex boxes so that it is possible to see the wall on which they are hung together with the shadow of the framing page through the rectangles.[25] Subtraction replaces the negation performed by the black rectangle with an emptiness that is not a cancellation or redaction so much as an opening to relation and flux – the movement of the light in the room will change the light and shadow produced by the empty rectangle (there is no claim of transparency here). The *Katagami Screens* (2015) at MAAT work in a similar way, projecting shadows and light onto the wall through Japanese stencils used to print patterns on fabric, such as kimonos.

It is easy at first not to see *Composition in Panes (on Reflection)* (2017), which comprises rectangular glass panels suspended from the ceiling, each with an audio transducer that causes the glass to resonate with sound, including a piano piece

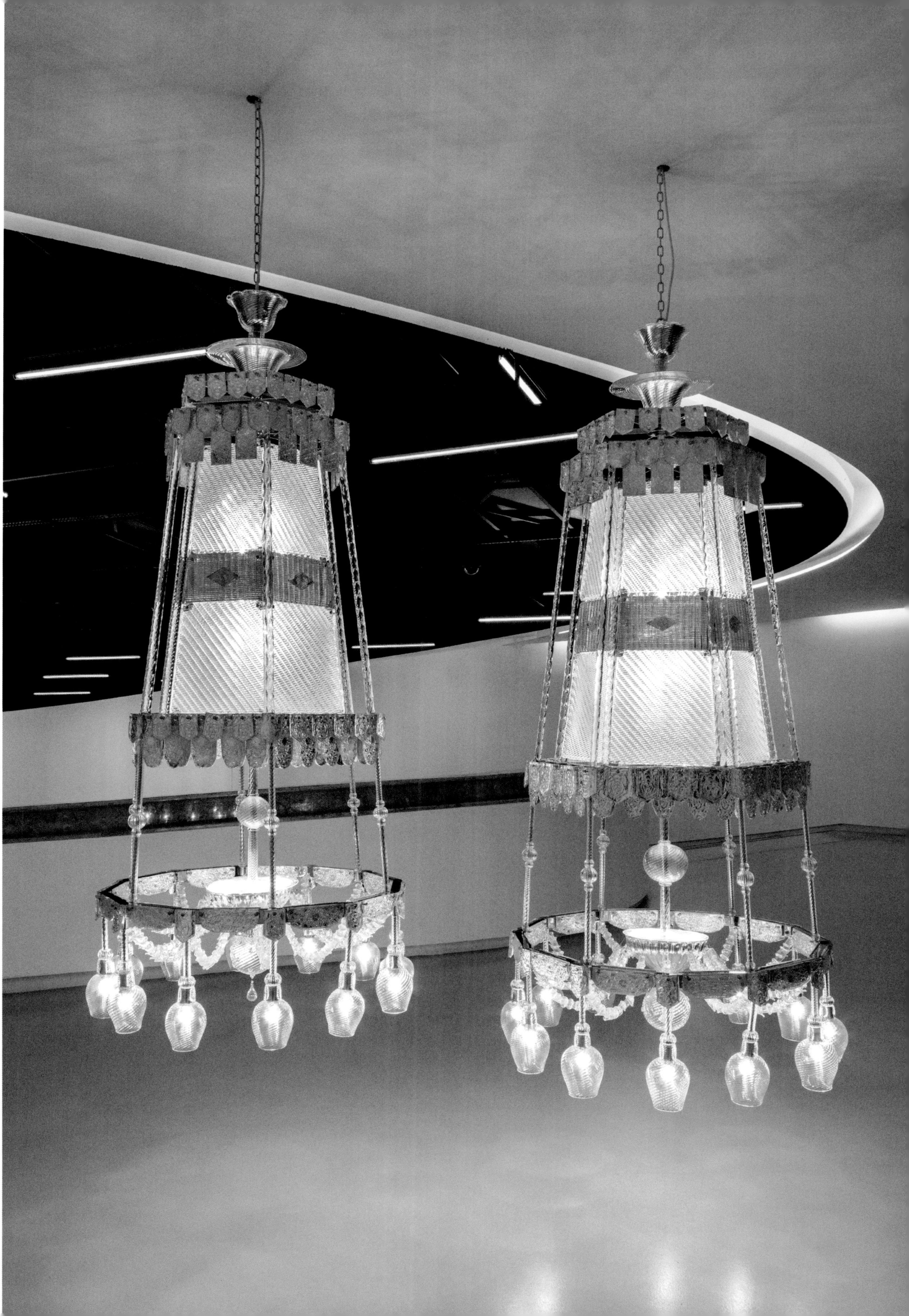

a fetichização da imagem. *Décor*, a descrição genérica preferida de Broodthaers – não gostava do termo «instalação» –, significa, em francês, tanto cenário de teatro como de cinema, e funciona igualmente como comentário provocativo acerca do papel da arte enquanto decoração de fundo do colonialismo. Na peça de Broodthaers, *Un Jardin d'hiver* (1974), com as suas palmeiras em vasos, a *mise-en-scène* torna-se a própria exposição, o teatro virado do avesso.

Tendo começado como escritor, Broodthaers iniciou a sua carreira artística aos quarenta anos com uma operação sobre poesia, ao tornando ilegíveis os exemplares por não vendidos de um livro de poemas da sua autoria, cravando-os em gesso, em *Pense-Bête* (1964). Em 1969, publicou o livro *Un coup de dés jamais n'abolira le hasard*, no qual substituiu por retângulos negros os versos do poema homónimo de Mallarmé. Broodthaers usou o subtítulo «image» para o distinguir do «poème» de Mallarmé. Evans levou a cabo uma nova operação sobre a operação de Broodthaers sobre Mallarmé: recortou os retângulos de texto das páginas do poema de Mallarmé e substituiu os retângulos de Broodthaers por vazio. As páginas individuais de *Shadows* (2012) foram emolduradas em caixas em acrílico, o que permite ver a parede onde estão penduradas, bem como a sombra da própria página, através dos retângulos.[25] Esta operação de subtração substitui a negação efetivada pelo retângulo negro por um vácuo que não é apagamento nem censura, mas antes uma abertura à ligação e ao fluxo – o movimento da luz na sala transforma o jogo de luz e sombra produzido pelo retângulo vazio (não se reivindica transparência aqui). Os *Katagami Screens* (2015) em exposição no MAAT funcionam de forma semelhante, projetando luz e sombra na parede através dos *stencils* japoneses utilizados para imprimir padrões em tecidos, designadamente de quimonos.

É fácil, à primeira vista, não reparar em *Composition in Panes (on Reflection)*, 2017, uma peça composta por painéis de vidro retangulares suspensos do teto, cada um dos quais equipado com um transdutor áudio que faz o vidro vibrar com sons, incluindo uma peça para piano composta e tocada pelo artista e emissões de uma estação de rádio que transmite sons captados por satélites. Esta é mais uma obra de homenagem a Tudor, e a experiência é moldada pelo encontro com *Audio Column* e *Phase Shift*. O ato de refletir está presente em ambos os sentidos do termo: o de um espelho – neste caso, vemos não só a nossa imagem, mas também outras obras, incluindo *Please Pay Attention Motherfucker*, *Mobius Strip*, *Neon after Stella* e os pinheiros nos vasos – e o da experiência do pensamento. A abordagem através do vazio, como acontece no *zen*, substitui a identidade por relações em perpétua transformação. Há um estranho gnosticismo nas duas dimensões que se encontram numa conjuntura quase impossível na obra de Evans: de um lado, o processo de subtração e criação de vazio; do outro, o corpo de nervos e sensações no gesto que liga Artaud ao teatro *noh*. Será a forma vacuidade, como preconiza o Sutra do Coração, ou violência convulsiva deformadora?[26]

Em *Neon after Stella* (2022), Evans substitui por faixas de néon a tela em branco entre as faixas negras das *Black Paintings* de Frank Stella, de modo que as zonas não pintadas se convertem em luz e as faixas negras passam a ser o vácuo entre os tubos de néon. Os quadros nas paredes transformam-se, assim, em verdadeiros ecrãs suspensos dentro do espaço da galeria, que, vistos em sobreposição, criam um efeito *moiré* à medida que o visitante se desloca.

O efeito *moiré* é um padrão de interferência em que a amplitude é amplificada ou anulada, o que significa que é também uma mudança de fase: formas

composed and performed by the artist, and broadcasts from a radio station that transmits sounds captured by satellites. This is another work that pays tribute to David Tudor, and the experience is shaped by having encountered *Audio Column* and *Phase Shift*. Reflection is involved in both senses of the word: that of a mirror – in this case, we see not only ourselves but also other works, including *Please Pay Attention Motherfucker*, *Mobius Strip*, *Neon after Stella* and the potted pines – and an experience of thought. The approach through emptiness, as in Zen, replaces identity with relations that do not cease to change. There is a strange gnosticism in the two dimensions that meet in an almost impossible conjuncture in Evans' work: on one side, the process of subtraction and the creation of emptiness; on the other, the body of nerves and sensations in the gesture that connects Artaud with Noh theatre. Is form emptiness, as the Heart Sutra would have it, or deforming convulsive violence?[26]

In *Neon after Stella* (2022), Evans replaces the blank canvas between the black stripes in Frank Stella's *Black Paintings* with strips of neon so that the unpainted areas are translated into light, and the black strips become the emptiness between the neon tubes. Canvases against walls are transformed into what are, in effect, suspended screens within the space of the gallery, which, seen through one another, create moiré effects as the visitor moves.

The moiré effect is an interference pattern in which the amplitude is amplified or cancelled, which means it is also a phase shift: displaced waveforms, in this case, light interfering with itself. The phase shift is a technique, but it is also a model (in the same sense that Leo Steinberg takes the flatbed printing press as a model for painting).[27] In *Neon after Stella*, Evans brings together phase shift and diagram, where the diagram involves vectors rather than a mono-dimensional plan.[28] Phase shift is recursive, feedback loops creating further phase shifts, the same phenomenon applying to both light and sound waves.

Interspersed with potted pines, the neons become not only decor but also the architecture of an urban environment where buildings dematerialise into neon, as in Tokyo's Shinjuku district, reminiscent also of the 'digital rain' or Matrix code on a screen – an effect in the 1999 film *The Matrix* inspired by script of characters in Japanese cookbooks. Stella's stripes alternating with unpainted canvas are displaced from the industrial to the digital-neural age by being converted into emptiness and light. Between Stella's late industrial *Black Paintings* and Evans' *Neon after Stella* the interpolated subject has undergone a mutation. There is no teleology to mutation (despite what eugenicists would like to think), and we should not see it in terms of techno-progressivism.

We can also understand Evans' gesture as a 'queering' of Stella just as Warhol's *Oxidation Paintings* (1977–78), made by urinating on copper-based paint, were a queering of Jackson Pollock's drip paintings.[29] One of the *Black Paintings* that Evans turns into a neon screen is titled *Die Fahne Hoch!* ('Raise the flag'), which is the opening line of the anthem of the Nazi Party, subsequently banned from public use in Germany and Austria, and one of the three paintings in the series by Stella making reference to the history of Nazi Germany and the Holocaust – the Nazis also incarcerated homosexual men. Benjamin HD Buchloh sees these as negations, alongside Theodor Adorno and Max Horkheimer's claim that Auschwitz marks the failure of the Enlightenment. In his essay 'Painting as Diagram: Five Notes on Frank Stella's Early Paintings, 1958–1959', Buchloh repeats Adorno's criticism of John Cage concerning the un-dialectical character

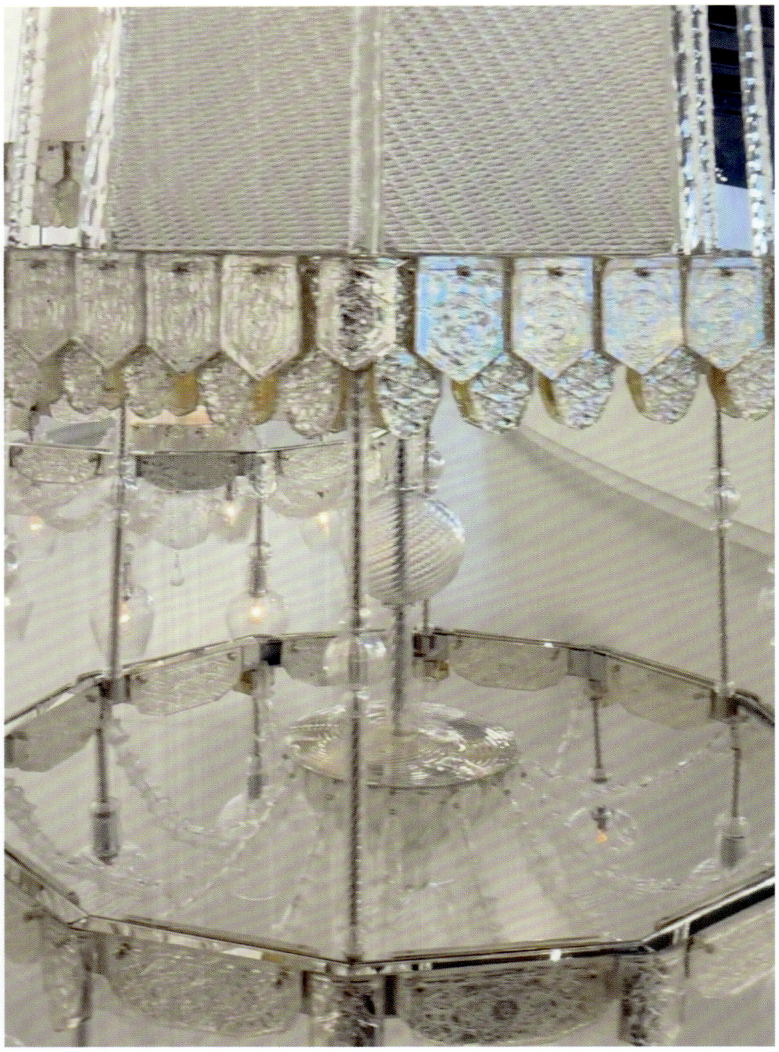

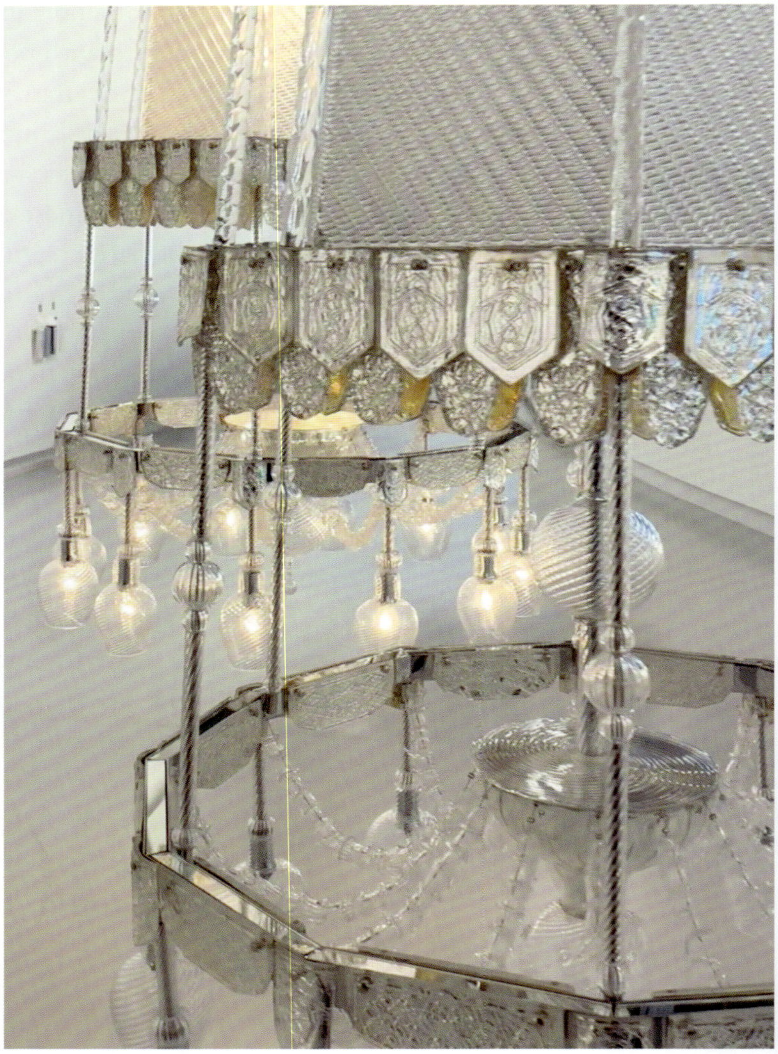

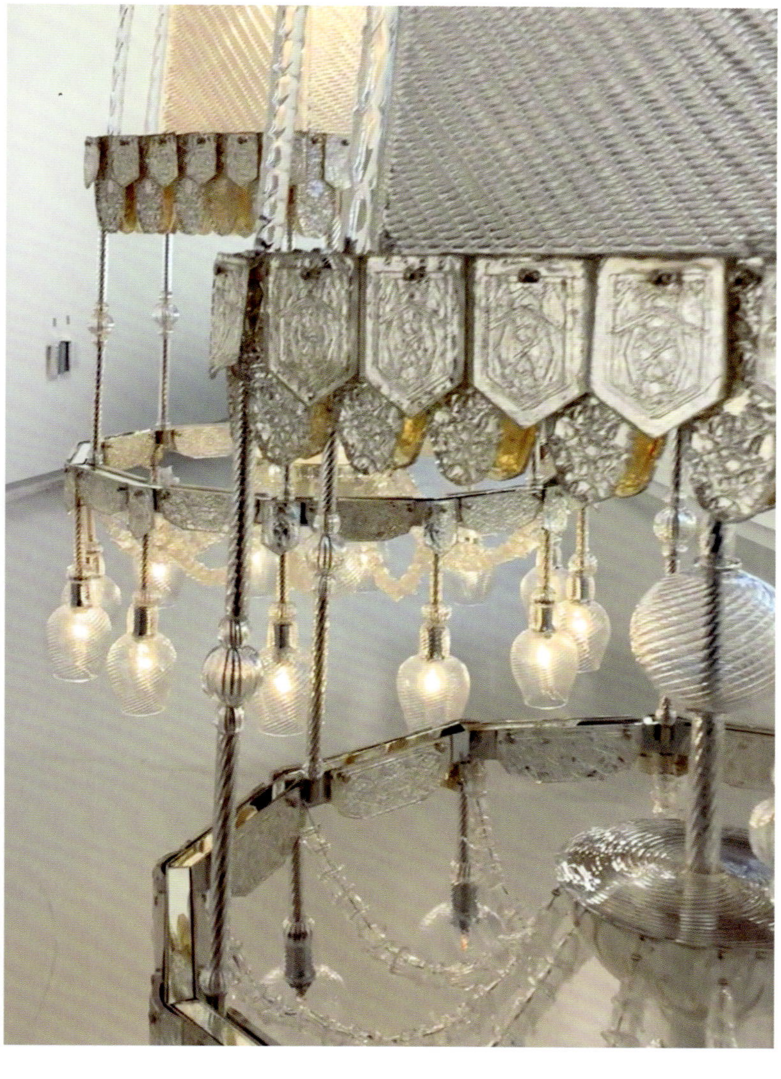

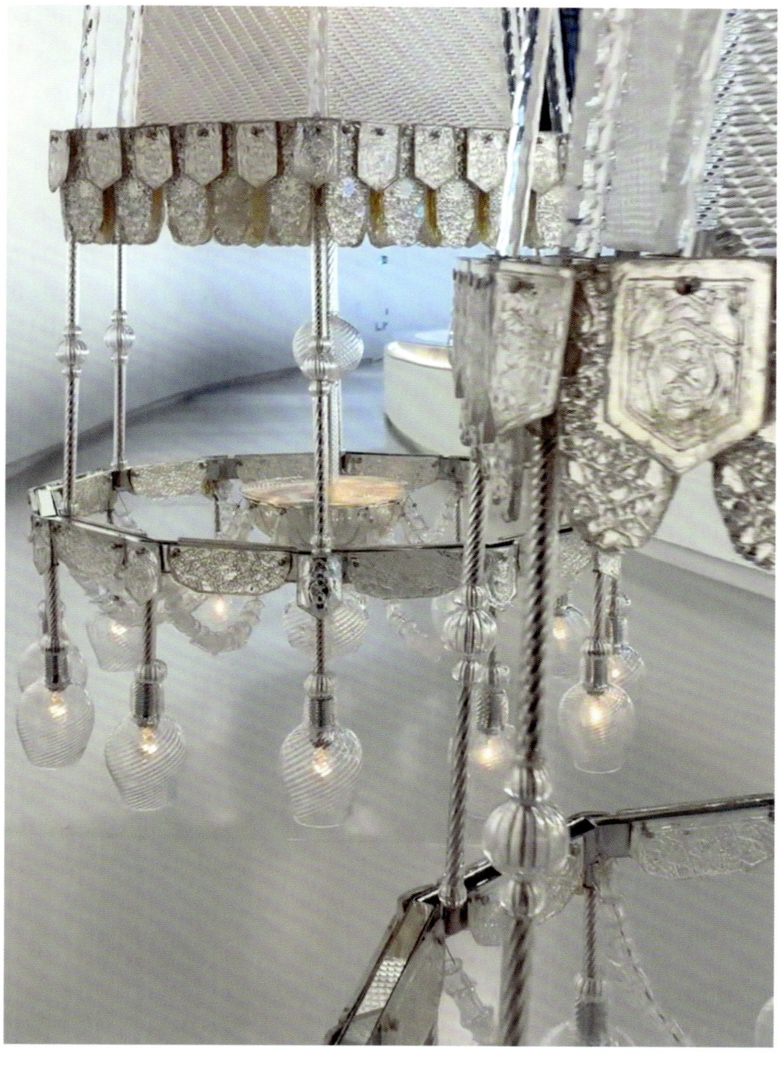

de ondas deslocadas, neste caso, a luz a interferir consigo própria. A mudança de fase é uma técnica, mas é, igualmente, um modelo (no mesmo sentido em que Leo Steinberg toma a impressão horizontal [*flatbed*] como modelo para a pintura).[27] Em *Neon after Stella*, Evans associa mudança de fase e diagrama, o diagrama envolvendo vetores em vez de um plano unidimensional.[28] A mudança de fase é recursiva, ciclos de retroalimentação criam mais mudanças de fase, um fenómeno que se aplica tanto à luz como às ondas sonoras.

Intercalados com pinheiros em vasos, os néones tornam-se então não apenas decoração, mas também a própria arquitetura de um ambiente urbano onde os edifícios se desmaterializam em néon, como no bairro de Shinjuku, em Tóquio, aludindo ainda à «chuva digital» ou código Matrix num ecrã – um efeito que surge em *The Matrix*, um filme de 1999, inspirado no tipo de caracteres usados em livros de culinária japoneses. As faixas de Stella alternam com tela em branco, sendo assim deslocadas da era industrial para a era digital-neuronal com a conversão em vácuo e luz. Entre as *Black Paintings* de Stella, pertencentes ao período tardoindustrial, e o *Neon after Stella* de Evans, o sujeito interpolado sofreu uma mutação. Não há qualquer teleologia na mutação (não obstante o que possam pensar os eugenistas), e não a devemos incluir no tecnoprogressismo.

Por outro lado, podemos tomar o gesto de Evans como uma «queerização» de Stella, tal como os quadros da série *Oxidation* (1977–1978), de Warhol, feitos com urina em cima de tinta misturada com cobre, constituíram uma queerização das *drip paintings* de Jackson Pollock.[29] Uma das *Black Paintings* que Evans transforma num ecrã de néon intitula-se *Die Fahne hoch!*, o verso inicial do hino do Partido Nazi, cuja utilização pública foi posteriormente banida na Alemanha e na Áustria, e é um dos três quadros da série que aludem à história da Alemanha nazi e ao Holocausto – os nazis também encarceraram homens homossexuais. Benjamin H. D. Buchloh considera estas obras negações, juntando-se à ideia, defendida por Theodor Adorno e Max Horkheimer, de que Auschwitz marca o fracasso do Iluminismo. No seu ensaio «Painting as Diagram: Five Notes on Frank Stella's Early Paintings, 1958–1959», Buchloh reitera a crítica de Adorno a Cage quanto ao caráter anti dialético da sua passividade «budista», uma dessublimação que não pode ser transfigurada numa oposição política concreta e que «sutura o sujeito na realidade existente, uma realidade universalmente acessível, de reificação tecnológica e ideológica» – um ataque direto a outro artista homossexual, após o ataque por procuração a Jasper Johns.[30] Como se não houvesse alternativa à relação com os precursores que não a rivalidade edipiana. É, portanto, notável que Evans substitua as faixas negras musculadas de Stella, feitas com um pincel de pintar paredes, pelo vácuo budista de Cage. Não se trata de uma rejeição quietista da dialética, mas sim de um descerramento – mediante uma «mudança de fase» tão literal como paradigmática – do caminho que vai da negação dialética a uma ontologia da relacionalidade e da mesmidade/diferença. Implica igualmente os diferentes modos de relação com os precursores e artistas seus contemporâneos que Evans sistematicamente apresenta no seu trabalho através das suas convocações.

Por detrás dos ecrãs que compõem *Neon after Stella*, encontra-se *Sounding Félix (incarnation MAAT)*, 2022–2025, uma versão de um conjunto iniciado com *Sounding Félix (Paris 8 assemblage)*, que o filósofo Éric Alliez encomendou para acompanhar as jornadas dedicadas a Félix Guattari, na Universidade de Paris 8, em 2022. Como o título sugere, a obra foi criada segundo o princípio de *assemblage* (agenciamento),

of his 'Buddhist' passivity, a desublimation that cannot be transfigured into concrete political opposition and that 'sutures the subject within the existing, universally accessible reality of technological and ideological reification' – a direct attack on another homosexual artist after the proxy takedown of Jasper Johns.[30] As if there were no alternative to the relation to predecessors in terms of Oedipal rivalry. How brilliant, then, that Evans replaces Stella's black muscular stripes made using a house-painter's brush with Cage-Buddhist emptiness. This is not a quietist refusal of dialectics, but rather an opening – by means of a 'phase-shift' as much literal as paradigmatic – of the way from dialectical negation to an ontology of relationality and sameness/difference. It also implies the different kinds of relation to predecessors and fellow artists that Evans continually performs in his work through his citations.

Behind the screens comprising *Neon after Stella* is *Sounding Félix (incarnation MAAT)* (2022–2025), a version of a set begun by *Sounding Félix (Paris 8 assemblage)*, commissioned by philosopher Éric Alliez to accompany a symposium on Félix Guattari held at the University of Paris 8 in 2022. As the title suggests, the work is made according to the principle of 'assemblage' (*agencement*), as discussed by Guattari and Gilles Deleuze: a provisional and contingent bringing-together of heterogeneous elements in a non-hierarchical and non-totalising way, comprising fluctuating relations rather than a fixed identity.[31] Visitors will find themselves reflected in the foil blankets hung over lamps, suggesting out-of-work capes for performers, and the sheets of Perspex sitting on a museum trolley. In this iteration, the Perspex was found in a storeroom at MAAT; this reuse of elements from the museum's infrastructure and maintenance is reminiscent, once again, of Broodthaers. One of the foil blankets sits on a stack of transparent chairs, beside which is a gong to which an audio transducer has been attached, making it a resonating speaker. There is a strange temporality to the work, as it seems to be both the storage and the record of something that has happened and the anticipation of a performance that has yet to happen. The voided present is suspended between memory and anticipation. The principle of the assemblage works against the idea of the object's full presence that governs the classic history of sculpture. Instead of presence and identity, there is a play of sameness and difference in the infinite reflections as the world moves.

Passing *Sounding Félix*, the visitor will find themself reflected in the metal panels that are an architectural feature and looped back around IN GIRUM IMUS NOCTE ET CONSUMIMUR IGNI (2008), where a circle of capital letters in neon with the outer face painted black hangs above head height. The words in Latin form a palindrome (in a Latin inscription the words might not be separated by spaces). Translated into English, 'we wander at night and are consumed by fire' refers to the title of a 1978 film by the writer and philosopher Guy Debord. The Situationist International, of which Debord was a founder, rejected consumer spectacle that they understood to have become total. The Latin inscription suggests an alternative, nocturnal existence of unconstrained desire or jouissance. It has been taken as a riddle whose answer is 'moths'. In 2010, Evans made another version in fireworks so that the inscription flared into visibility before being burnt out, serving as a metaphor as well for human existence and, more specifically, for the nightlife of a generation, including those affected by AIDS. In 1998 Evans made a 16mm film, *Firework Text (Pasolini)*, on the beach at Ostia near where Pier Paolo Pasolini was bludgeoned to death in 1975.

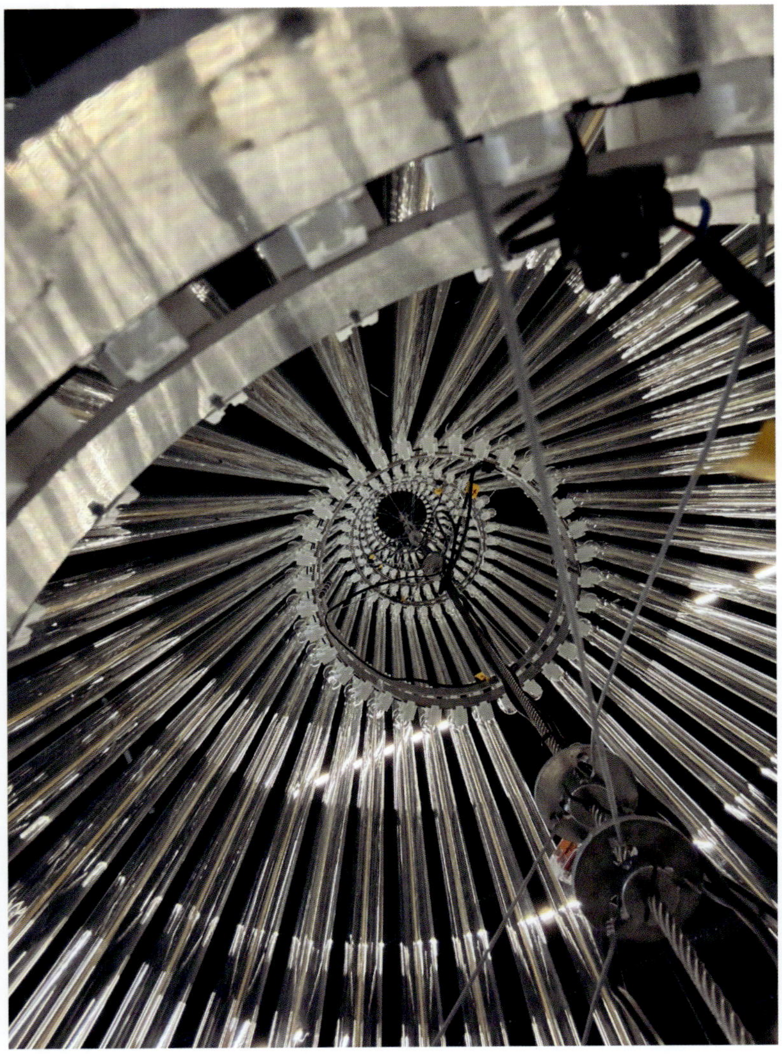
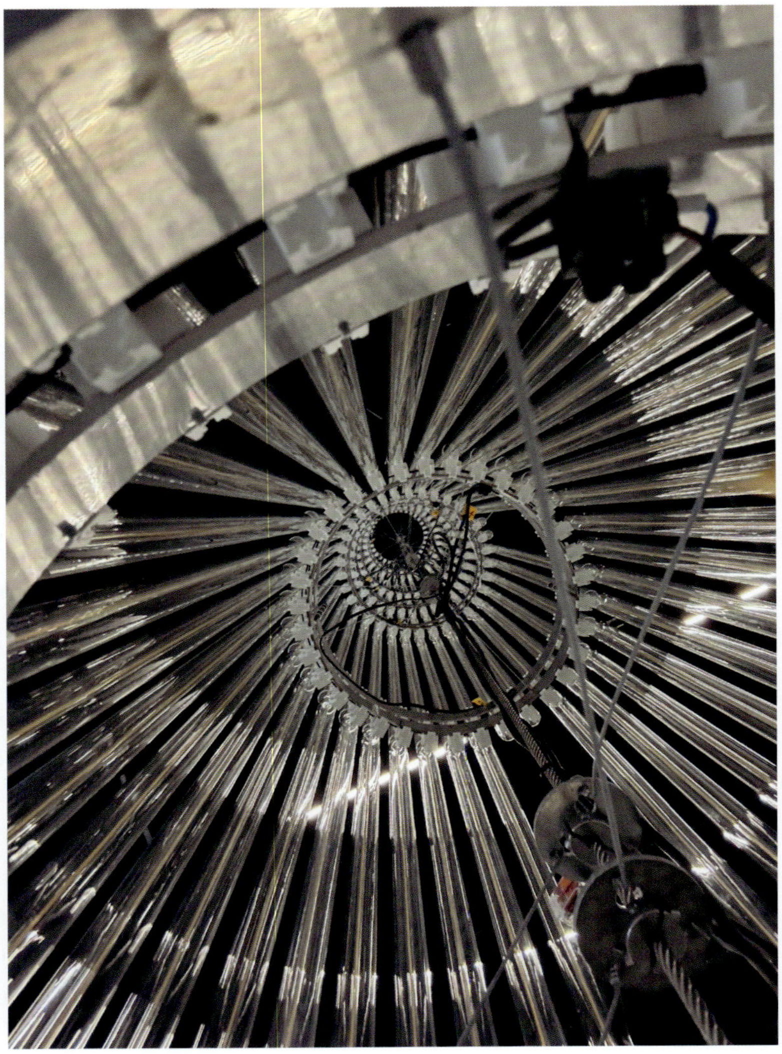

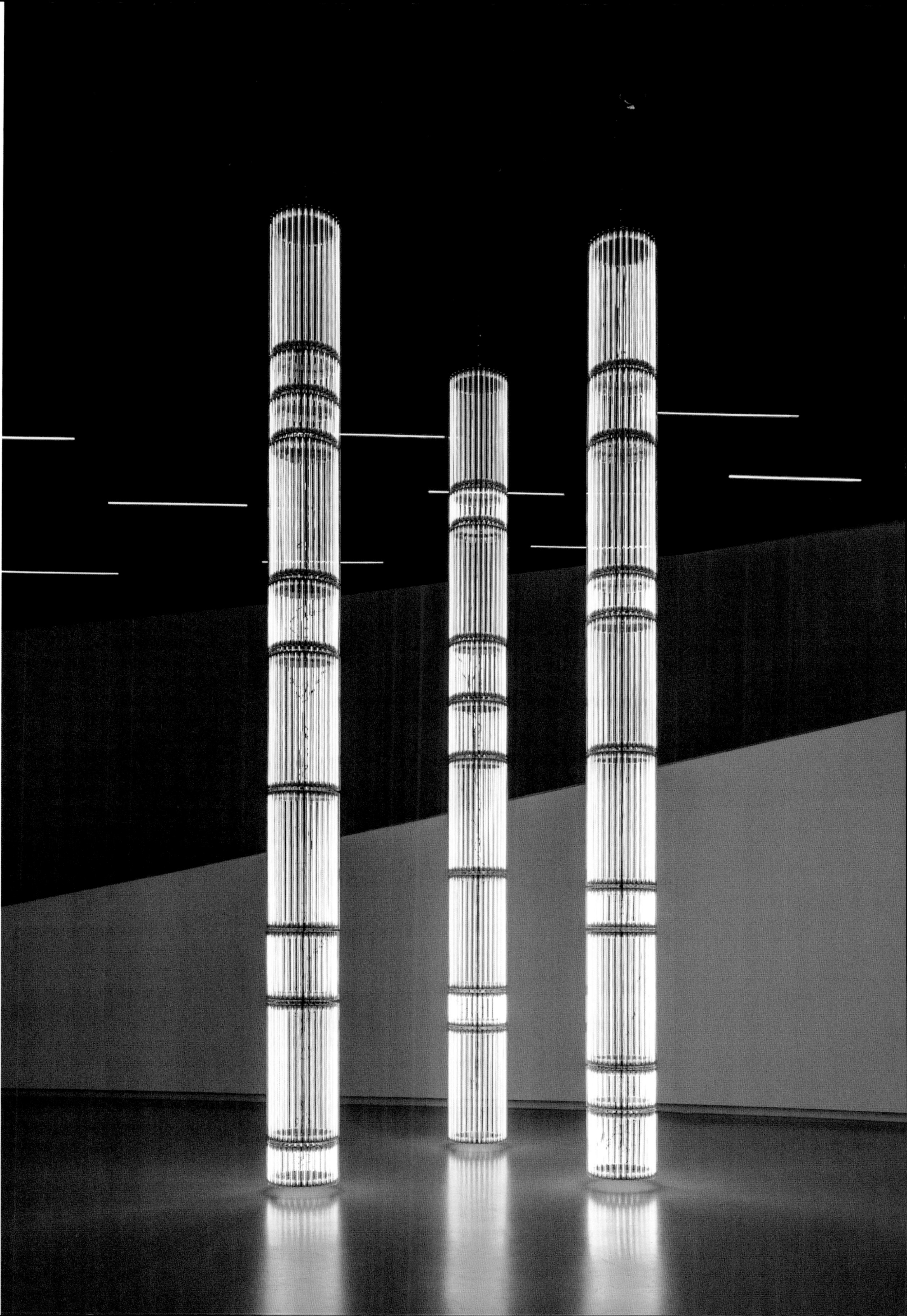

tal como esmiuçado por Guattari e Deleuze: a reunião de elementos heterogéneos de forma não hierárquica nem totalizante, que compreende relações flutuantes ao invés de uma identidade fixa.[31] Os visitantes veem-se refletidos nas mantas de alumínio penduradas em cima de candeeiros, a fazer lembrar capas de *performers* desempregados, e nos painéis de acrílico pousados num carrinho do museu. Nesta versão, os painéis de acrílico foram encontrados num armazém do MAAT; esta reutilização de elementos provenientes da infraestrutura e manutenção do museu remete, mais uma vez, para Broodthaers. Uma das mantas repousa sobre uma pilha de cadeiras transparentes, junto das quais se encontra um gongo com um transdutor de áudio que o transforma num altifalante ressonante. Há, nesta peça, uma estranha temporalidade, pois parece simultaneamente o depósito e o registo de algo que já aconteceu e a antecipação de uma *performance* que ainda está por acontecer. O presente esvaziado fica suspenso entre a memória e a antecipação. O princípio do agenciamento vai contra a ideia de presença plena do objeto que rege a história clássica da escultura. Em vez de presença e identidade, há um jogo de mesmidade e diferença nas infinitas reflexões produzidas enquanto o mundo se move.

Passando *Sounding Félix*, o visitante ver-se-á refletido nos painéis metálicos que constituem um elemento arquitetónico e que se prolongam até IN GIRUM IMUS NOCTE ET CONSUMIMUR IGNI (2008), onde um círculo formado por letras maiúsculas em néon, com a superfície exterior pintada de preto, está suspenso acima da cabeça. A frase em latim forma um palíndromo (numa inscrição latina, as palavras podiam não estar separadas por espaços). Traduzida para português, a frase «movemo-nos na noite sem saída e somos devorados pelo fogo» remete para o título de um filme de 1978, do escritor e filósofo Guy Debord. A Internacional Situacionista, de que Debord foi um dos fundadores, rejeitava o espetáculo do consumo, que entendia ter tudo contaminado. A inscrição latina parece revelar uma existência noturna alternativa, de desejo e *jouissance* ilimitados. Há quem julgue tratar-se de um enigma cuja solução será «traças». Em 2010, Evans criou outra versão, esta com fogo de artifício, em que a inscrição se tornava visível no brilho das chamas antes de se extinguir, servindo também como metáfora para a existência humana e, mais especificamente, para a vida noturna de uma geração, incluindo aqueles afetados pela SIDA. Em 1998, Evans realizou um filme em 16 mm, intitulado *Firework Text (Pasolini)*, numa praia de Ostia, perto do local onde Pier Paolo Pasolini foi espancado até à morte, em 1975. O artista montou quatro frases, em fogo de artifício, numa estrutura, retiradas do filme de Pasolini *Édipo Rei*, de 1975, e que descrevem os salgueiros junto ao rio, na sua terra natal. As palavras ardiam e extinguiam-se como um memorial efémero. Ao reunir os dois fogos de artifício – e dado pensar-se que a morte de Pasolini foi um assassinato político disfarçado de crime homofóbico –, recordamo-nos do artigo que Pasolini publicou no *Corriere della Sera*, a 1 de fevereiro desse mesmo ano, em que, numa paisagem de atmosfera e rios poluídos, o cineasta identifica nos partidos de direita um novo-velho fascismo que abafa, com o seu brilho ofuscante – uma metáfora para a corrupção dos *media* que inundam a largura de banda –, os belos lampejos de uma existência alternativa, «a extinção dos pirilampos»[32]. Nesta era de extinções, será ainda possível o regresso dos pirilampos?

He set up four lines in fireworks on a frame, taken from Pasolini's 1967 film *Oedipus Rex* describing the willow trees beside the river of his childhood hometown. These words flared and died as an evanescent memorial. Bringing the two fireworks together – and since it is claimed that Pasolini's death was a political murder disguised as a homophobic one – we are reminded of his article published in the *Corriere della Sera* earlier that year on 1 February, where, in a landscape of polluted air and rivers, Pasolini sees in right-wing political parties a new-old fascism drowning out with its spotlight glare – a metaphor for captured media flooding the bandwidth – the beautiful, evanescent glimmers of an alternative existence, 'the extinction of the fireflies'.[32] In this age of extinctions, is it still possible that the fireflies might return?

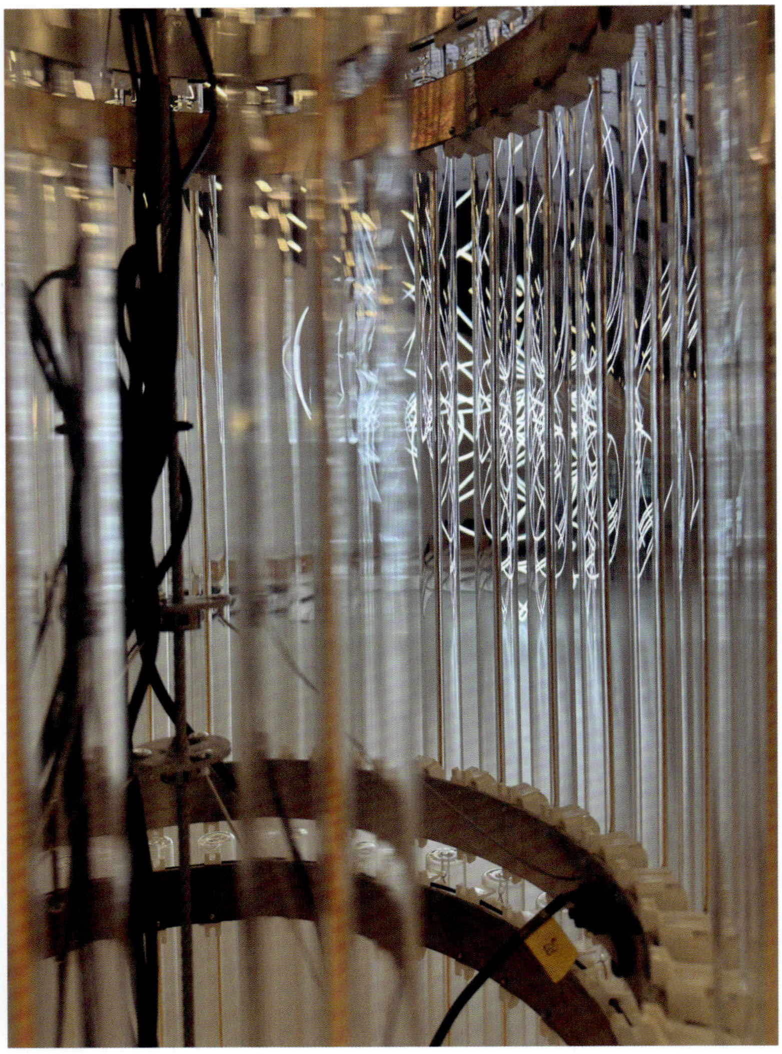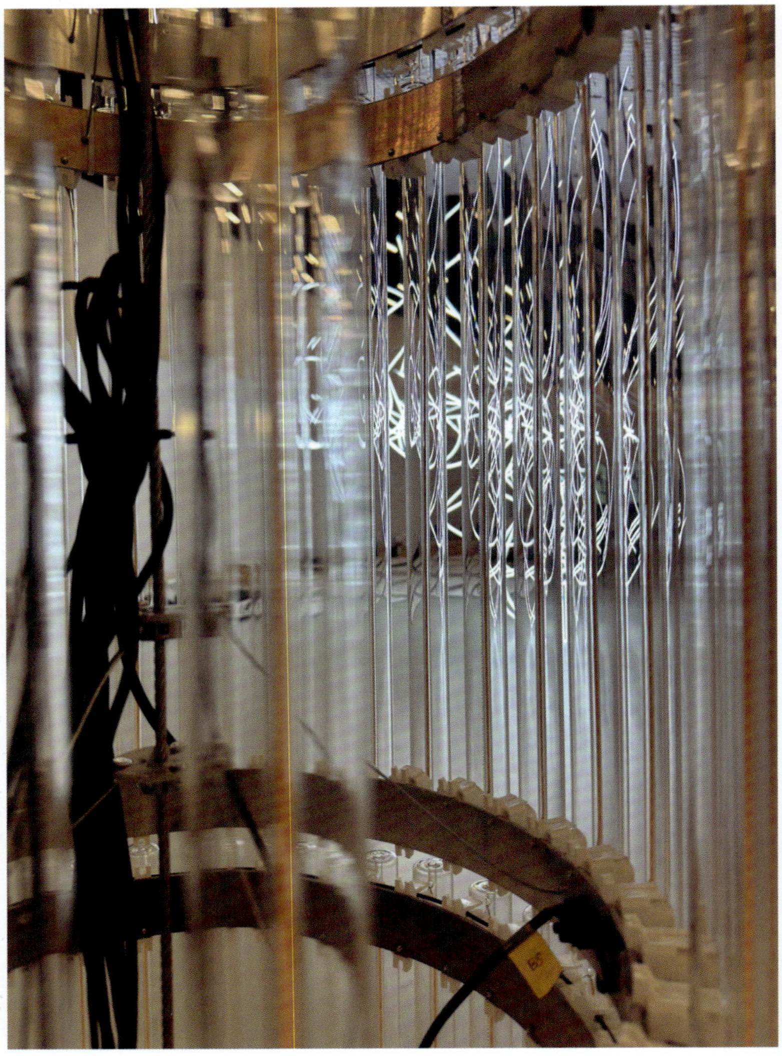

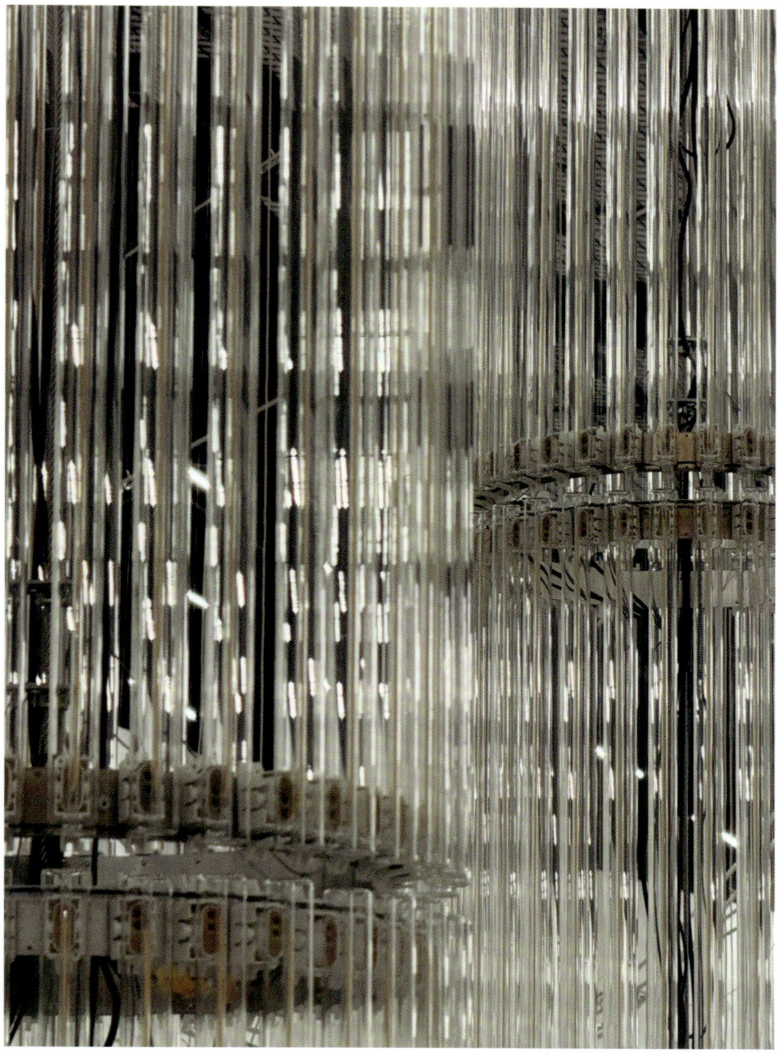

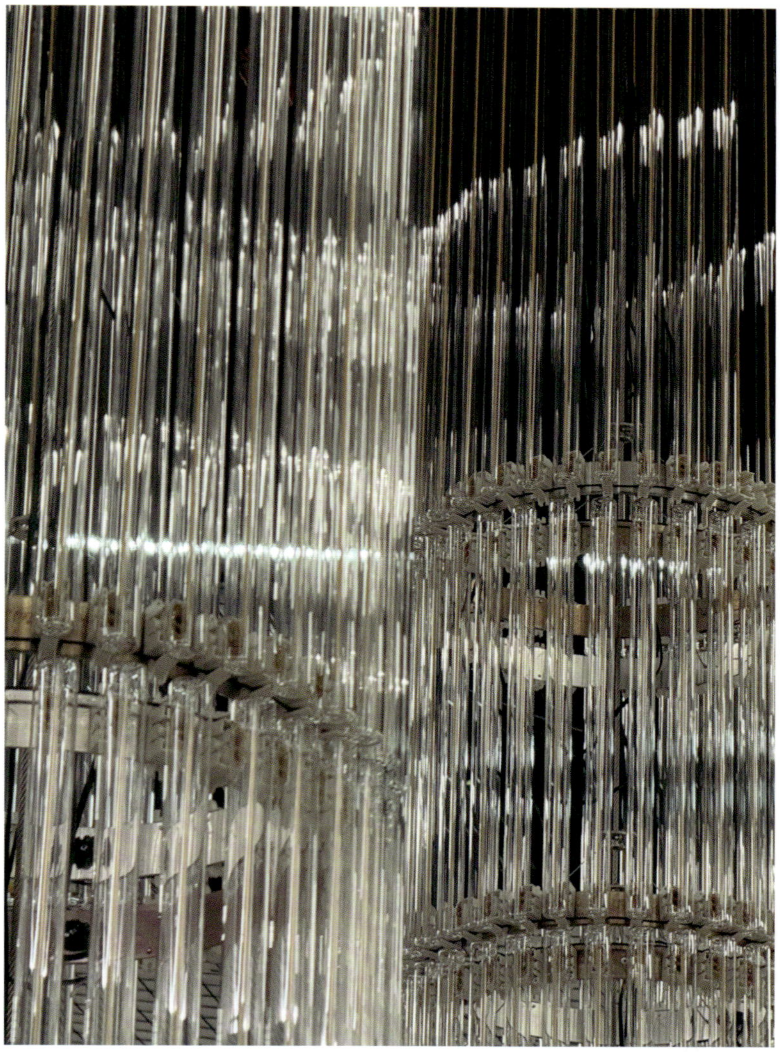

1 Merrill, J., *The Changing Light at Sandover*. With the Stage Adaptation, *Voices from Sandover*. NY: Alfred A. Knopf, 2006, p. 36.
2 "....*the Illuminating Gas* é o título da exposição de Cerith Wyn Evans no Pirelli HangarBicocca (Milão, 31/10/2019–26/07/2020. Vd. também Spector, N., «The Illuminating Gas: The Art of Cerith Wyn Evans», in Robecchi, M. (coord.), *Cerith Wyn Evans*. London/NY: Phaidon Press, 2023, pp. 46–78.
3 Whitehead, A.N., *Process and Reality*. NY: Simon and Schuster, 2010 (ed. corrigida), pp. 29, 222–33.
4 Deleuze, G., *The Fold: Leibniz and the Baroque*. Introd. & trad. Tom Conley. Minneapolis/London: University of Minnesota Press, 1993, pp. 20–21. [Orig. fr.: «Le point de vue sur une variation vient remplacer le centre d'une figure ou d'une configuration. L'exemple le plus célèbre est celui des coniques, où la pointe du cône est le point de vue auquel on rapporte le cercle, l'ellipse, la parabole, l'hyperbole, et même la droite et le point, comme autant de variantes d'après l'inclinaison du plan de coupe ('scénographies').» *Le Pli: Leibnitz et le Baroque*. Paris: Les Éditions de Minuit, 1988, pp. 28–29.]
5 Para uma notável análise de outra versão, *Neon Forms (after Noh I-XVI)* (2015–2019), vd. Fer, B., «the work», in Tenconi, R., & Todolí, V., *Cerith Wyn Evans: "....the Illuminating Gas"*. [Milano]: Skira, 2020, pp. 87–93.
6 Vd. Stillpass, Z., «The Electrifying Art of Cerith Wyn Evans», Art Basel, 2024, www.artbasel.com/stories/cerith-wyn-evans-light-art-centre-pompidou-metz (cons. 23–10–2025).
7 Galloway, A., *Uncomputable: Play and Politics In the Long Digital Age*. London/NY: Verso, 2021, p. 53.
8 Tenconi, *op.cit.*, p. 194.
9 Vd. Hoptman, Laura J. (coord.), *Brion Gysin: Dream Machine*. London/NY: New Museum/Merrell, 2010.
10 Gilles Deleuze já o previa nos livros que dedicou ao cinema. Para obter um resumo, vd. Deleuze, G., & McMuhan, M., «The Brain Is the Screen: An Interview with Gilles Deleuze» (trad. Marie Therese Guirgis) in Gregory Flaxman (org.), The Brain Is the Screen: Deleuze and the Philosophy of Cinema (Minneapolis: University of Minnesota Press, 2000), p. 366: «O cérebro é o ecrã. Não creio que a linguística ou a psicanálise sejam de grande utilidade para o cinema. Por outro lado, temos a biologia do cérebro, a biologia molecular. O pensamento é molecular; existem velocidades moleculares que constituem os seres lentos que somos. A frase de Michaux: "O homem é um ser lento que só é possível graças a velocidades fantásticas". Os circuitos e ligações do cérebro não preexistem aos estímulos, corpúsculos ou grãos que os traçam. O cinema não é teatro; compõe corpos com grãos. As ligações são muitas vezes paradoxais e, por todos os lados, extravasam as simples associações de imagens. O cinema, precisamente porque põe a imagem em movimento, ou melhor, porque dota a imagem de um automovimento, não cessa de traçar e retraçar os circuitos do cérebro» (pp. 48–49). [Orig. fr.: «Le cerveau, c'est l'écran. Je ne crois pas que la linguistique, la psychanalyse soient d'une grande aide pour le cinéma. En revanche la biologie du cerveau, la biologie moléculaire. La pensée est moléculaire, il y a des vitesses moléculaires qui composent les êtres lents que nous sommes. Le mot de Michaux : "L'homme est um être lent, qui n'est possible que grâce à des vitesses fantastiques". Les circuits et les enchaînements cérébraux ne préexistent pas aux stimuli, corpuscules ou grains qui les tracent. Le cinéma n'est pas un théâtre, il compose les corps avec les grains. Les enchaînements sont souvent paradoxaux, et débordent de toutes parts les simples associations d'images. Le cinéma, précisément parce qu'il met l'image en mouvement, ou plutôt dote l'image d'un auto-mouvement, ne cesse de tracer et de retracer des circuits cérébraux.» *Cahiers du cinéma*. (380), (fev.) 1986, pp. 25–32).] Sobre *media* neuronais, vd. Allado-McDowell, K., «Designing Neural Media», in *Gropius Bau Journal*, 2023, www.berlinerfestspiele.de/en/gropius-bau/programm/journal/2023/k-allado-mcdowell-designing-neural-media (cons. 03–11–2025). Vd. também Alliez, E. (colab. Jean-Clet Martin), *The Brain-Eye: New Histories of Modern Painting*. Trad. Robin Mackay. London/NY: Rowman & Littlefield, 2015. [Orig. fr. *L'œil-cerveau: Nouvelles histoires de la peinture moderne*. Paris: Vrin, 2007.]
11 Robecchi, *op.cit.*, pp. 104–111.
12 Evans recorre às inovações tipográficas de Mallarmé, e não só, nas suas páginas de notas incluídas no catálogo *Cerith Wyn Evans: lueurs empruntées à* METZ. [Paris]: Éditions du Centre Pompidou-Metz, 2024.
13 Vd. Andrews, B., & Bernstein, C. (coord.), *The L=A=N=G=U=A=G=E Book*. Carbondale/Edwardsville: SIU Press, 1984
14 Vd. Gidal, P., *Materialist Film*. London/NY: Routledge, 1989; & id., *Andy Warhol: Blow Job*. London: Afterall, 2008.
15 Vd. «Transphotonen: A Breakthrough in Light-Matter Interaction», www.ulamatters.com/transphotonen/ (cons. 02–11–2025).
16 Merrill, op.cit., p. 23.
17 Vd. Lacan, J. (coord. Jacques-Alain Miller), *The Four Fundamental Concepts of Psycho-Analysis*. Trad. Alan Sheridan. London: The Hogarth Press/Institute of Psycho-Analysis, 1977. p. 273. [Orig. fr.: *Le séminaire. Livre XI, Les quatre concepts fondamentaux de la psichanalyse*. Paris: Éditions du Seuil, 1973.]
18 Merleau-Ponty, M. (coord. Claude Lefort), *The Visible and the Invisible*. Trad. Alphonso Lingis. Evanston: Northwestern University Press, 1968. [Orig. fr.: *Le visible et l'invisible*. Paris: Éditions Gallimard, 1964.] Deleuze chama a atenção para isto numa nota: *The Fold*, op.cit., p. 146.
19 Nas notas de Mallarmé a *Le Livre*, publicadas postumamente [vd. nota seguinte], existe uma «cena» em que

um «operador» transfere aleatoriamente páginas para as prateleiras de um móvel lacado. Com a «retirada do autor», a criação da obra (um livro, se entendermos o móvel como volume de arquivo) torna-se uma operação baseada no acaso. Assim, a inovação não consiste apenas numa conceção aleatória da obra, mas também na ideia de que a sua génese resulta de operações, e não de uma criação romântica ou quase divina. Elaborados por outros, incluindo Edgar Allen Poe, embora as notas fossem praticamente desconhecidas até Jacques Scherer as ter publicado, em 1957, os princípios implícitos no poema de Mallarmé *Un Coup de dés* (publicado pela primeira vez em 1914 na sua forma tipográfica, segundo as instruções do autor) marcaram uma importante mudança na ideia de arte, que se manifesta no trabalho de artistas, escritores e músicos, incluindo Erik Satie, Raymond Roussel e Marcel Duchamp, tendo depois conhecido grande desenvolvimento a partir dos anos de 1960, com as teorizações Michel Foucault, Roland Barthes e Jacques Derrida, e com as novas direções apontadas por outros artistas, escritores e músicos, entre os quais Pierre Boulez e Evans.

20 Scherer, J., *Le «Livre» de Mallarmé*. Paris: Gallimard, 1978(2).

21 Lucy Bradnock desenvolve pormenorizadamente esta questão no primeiro capítulo, «Toward Theatre», do seu livro *No More Masterpieces: Modern Art After Artaud* (New Haven/London: Yale University Press, 2021, pp. 26–61).

22 Éric Alliez (com a colaboração de Jean-Claude Bonne) levou a cabo uma magnífica análise, tanto das referências a Artaud como dos aspetos artaudianos na obra de Evans: «Sounding Cerith. Contrepoints à une exposition médiomatrice em forme de Metz Drift», in *Cerith Wyn Evans: lueurs empruntées à Metz* (op.cit., pp. 67–82).

23 Simondon, G., *Individuation in Light of Notions of Form and Information*. Trad. Taylor Adkins. Minneapolis/London: University of Minnesota Press, 2020, pp. 4-15, 241–242, 364–378. [Orig. fr.: *L'individuation à la lumière des notions de forme et d'information*. Pref. Jacques Garelli. Grenoble: Éditions Jerôme Millon, 2005.]

24 Vd. crítica de Claire Bishop, «Cerith Wyn Evans. Institute of Contemporary Arts, London», in *Artforum*, 45(5), (jan.) 2007, pp. 240–241, www.artforum.com/events/cerith-wyn-evans-3-183156/ (cons. 30–10–2025).

25 Foram incluídos *frames* da série *Shadows* na exposição em três partes, com curadoria minha, intitulada *After Mallarmé*, apresentada na galeria Large Glass, em Londres, em 2024. Nessa mesma exposição, figuravam *Leaning Horizon* (2015), também da autoria de Cerith Wyn Evans, e um conjunto de fotografias em formato A5, que Evans tirou do jardim Shigemori, no templo Tofuku-ji, em Quioto, destinadas aos visitantes, que depois tinham de as devolver. As minhas notas sobre a exposição podem ser consultadas aqui: www.large-glass.co.uk/After-Mallarme (cons. 03–11–2025).

26 David Tudor é um precursor desta conjuntura. Vd. Bradnock, op.cit., sobre Tudor e Artaud; e comunicação de Tamara Levitz, *David Tudor's Corporeal Imagination*, apresentada no simpósio «The Art of David Tudor: Indeterminacy and Performance in Postwar Culture», que decorreu no Getty Research Institute, em Los Angeles, em 2001. www.getty.edu/research/exhibitions_events/events/david_tudor_symposium/pdf/levitz.pdf (cons. 31–10–2025).

27 Leo Steinberg explana o conceito «the flatbed picture plane» no livro: *Other Criteria: Confrontations with Twentieth-Century Art*. NY: Oxford University Press, 1972, pp. 82–91.

28 Este sentido de diagrama é distinto da conceção depauperada apresentada por Benjamin H. D. Buchloh no seu ensaio pioneiro: «Painting as Diagram: Five Notes on Frank Stella's Early Paintings, 1958–1959», in *October*, (143), (jan.) 2013, [Cambridge, MA/NY]: MIT press, pp. 126–144.

29 Contrariamente ao modo «edipiano» como Buchloh representa Stella, que repõe a «lei do Pai» ao suplantar a pintura encáustica «nervosa» do homossexual Johns e apagando a dimensão icónica da sua série *Flags*.

30 Buchloh, op.cit., pp. 126–144, p. 142.

31 O conceito de «agenciamento» [ing., «assemblage»; orig. fr., «agencement»] é analisado e aplicado por Gilles Deleuze e Félix Guattari no livro: *A Thousand Plateaus: Capitalism and Schizophrenia*. Trad. & introd. Brian Massumi. Minneapolis/London: University of Minnesota Press, 1987. [Orig. fr.: *Capitalisme et schizophrénie 2: Mille plateux*. Paris: Les Éditions de Minuit, 1980.]

32 Vd Didi-Huberman, G., *Survival of the Fireflies*. Trad. Lia Swope Mitchell. Minneapolis/London: University of Minnesota Press, 2018. [Orig. fr.: *Survivance des lucioles*. Paris: Les Éditions de Minuit, 2009.]

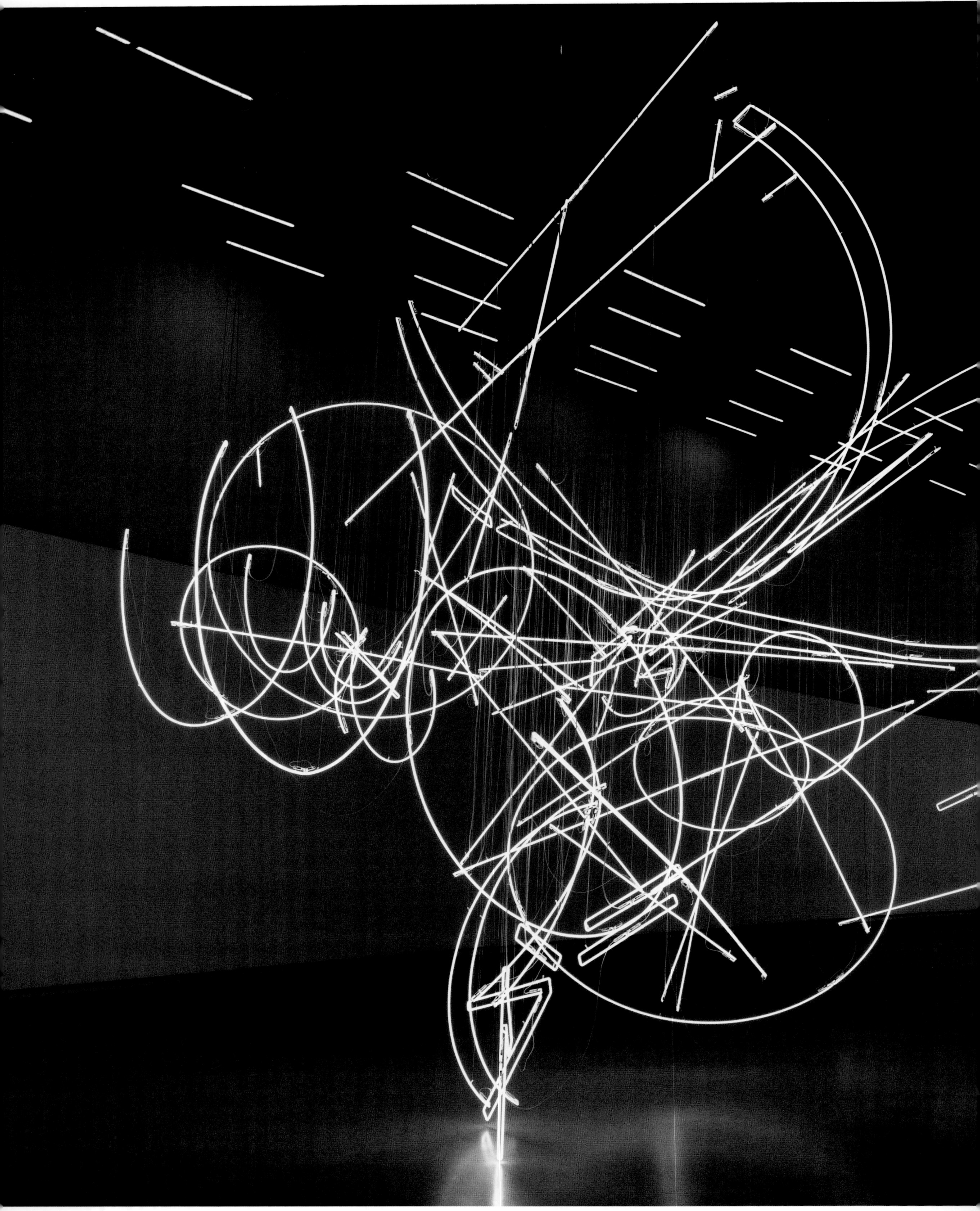

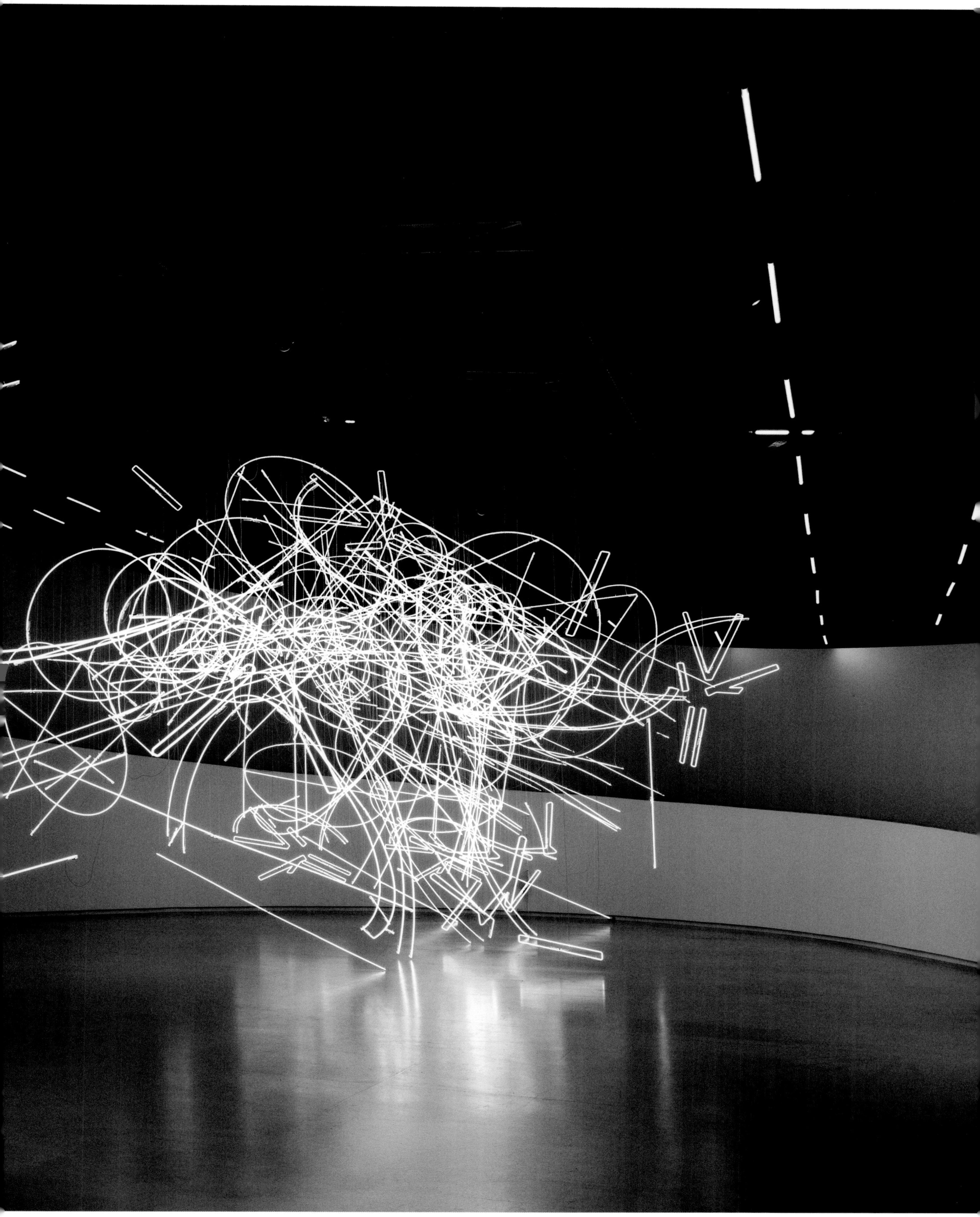

1 James Merrill, *The Changing Light at Sandover: With the Stage Adaptation Voices from Sandover* (Knopf, 2006), p.36.
2 "....*the Illuminating Gas*" was the title of Cerith Wyn Evans' exhibition at Pirelli HangarBicocca, Milan, 31 October 2019 – 26 July 2020. See also Nancy Spector, 'The Illuminating Gas: The Art of Cerith Wyn Evans', in *Cerith Wyn Evans* (Phaidon Press, 2023), edited by Michele Robecchi, pp.46–78.
3 Alfred North Whitehead, *Process and Reality* (Simon and Schuster, corrected edition, 2010), pp.29, 222–33.
4 Gilles Deleuze, *The Fold: Leibniz and the Baroque* (University of Minnesota Press, 1993), pp.20–21.
5 For an excellent discussion of another version, *Neon Forms (after Noh I–XVI)* (2015–19) see Briony Fer, 'the work', in Roberta Tenconi and Vicente Todolí, *Cerith Wyn Evans: "....the Illuminating Gas"* (Skira, 2020), pp.87–93.
6 See Zoe Stillpass, 'The Electrifying Art of Cerith Wyn Evans', Art Basel, 31 October 2024 www.artbasel.com/stories/cerith-wyn-evans-light-art-centre-pompidou-metz (accessed 23 October 2025).
7 Alexander Galloway, *Uncomputable: Play and Politics In the Long Digital Age* (Verso Books, 2021), p.53.
8 Work entry, Roberta Tenconi and Vicente Todolí, *Cerith Wyn Evans: "....the Illuminating Gas"* (Skira, 2020), p.194.
9 See Laura J Hoptman, with Brion Gysin, John Geiger, and New Museum, *Brion Gysin: Dream Machine* (Merrell, 2010).
10 This is anticipated by Gilles Deleuze in his books on cinema. For a summary, see Gilles Deleuze and Melissa McMuhan, 'The Brain Is the Screen: An Interview with Gilles Deleuze' (trans. by Marie Therese Guirgis) in Gregory Flaxman (ed.), *The Brain Is the Screen: Deleuze and the Philosophy of Cinema* (University of Minnesota Press, 2000), p.366: 'The brain is the screen. I don't believe linguistics or psychoanalysis are of great help for the cinema. On the other hand, there is the biology of the brain, molecular biology. Thought is molecular, there are molecular speeds which make up the slow beings that we are. Michaux's saying: "Man is a slow being, who is only made possible by fantastic speeds." The circuits and links of the brain do not pre-exist the stimuli, granules or corpuscles which trace them. The cinema is not a theatre; it composes bodies out of granules. The links are often paradoxical, and on all sides overflow simple associations of images. Cinema, precisely because it puts the image in movement, or rather endows the image with a self-movement, never ceases to trace and retrace the circuits of the brain.' For neural media, see K Allado-McDowell, 'Designing Neural Media', www.berliner-festspiele.de/en/gropius-bau/programm/journal/2023/k-allado-mcdowell-designing-neural-media (last accessed 3 November 2025). See also Éric Alliez, *The Brain-Eye: New Histories of Modern Painting*, trans. by Robin Mackay (Rowman and Littlefield, 2015).
11 *Cerith Wyn Evans* (Phaidon Press, 2023), pp.104–11.
12 Evans uses Mallarmé's typographic innovations, and more, in his pages of notes to *Cerith Wyn Evans: lueurs empruntées à Metz* (Editions du Centre Pompidou-Metz, 2024).
13 See Bruce Andrews and Charles Bernstein, *The L=A=N=G=U=A=G=E Book* (SIU Press, 1984).
14 See Peter Gidal, *Materialist Film* (Routledge, 1989) and Peter Gidal, *Andy Warhol Blow Job* (Afterall Books; Distribution by The MIT Press, 2008).
15 See 'Transphotonen: A Breakthrough in Light-Matter Interaction', www.ulamatters.com/transphotonen/ (last accessed 2 November 2025).
16 *The Changing Light at Sandover*, p.23.
17 See Jacques Lacan, *The Seminar. Book XI. The Four Fundamental Concepts of Psycho-Analysis, 1964*. Trans. by Alan Sheridan. (Hogarth Press and Institute of Psycho-Analysis, 1977), p.273.
18 Maurice Merleau-Ponty, *The Visible and the Invisible* (Northwestern University Press, 1968). Deleuze points this out in a footnote, *The Fold*, p.146.
19 In Mallarmé's posthumously published notes for *Le Livre* there is a 'scene' in which an 'operator' randomly transfers pages to the shelves of a lacquer cabinet. In the 'withdrawal of the author', the generation of the work (a book if we consider the cabinet to be the volume as repository) becomes an operation based on chance. The innovation here is not only an aleatory conception of the work but also the idea that its generation is the result of operations rather than Romantic or quasi-divine creation. Prepared for by others, including Edgar Allen Poe, although the notes were largely unknown until their publication by Jacques Scherer in 1957, the principles implicit in Mallarmé's poem *Un Coup de dés* (first published in the typographic form according to the poet's instructions in 1914) marked an important shift in the idea of art which manifests itself in the work of artists, writers and musicians, including Erik Satie, Raymond Roussel and Marcel Duchamp, then to be further explored from the 1960s and theorised by Michel Foucault, Roland Barthes and Jacques Derrida, and taken in new directions by other artists, writers and musicians, including Pierre Boulez and Cerith Wyn Evans.
20 Jacques Scherer, *Le 'Livre' de Mallarmé* (Gallimard, 1978).
21 This is discussed in detail in Chapter One, 'Toward Theatre', of Lucy Bradnock, *No More Masterpieces: Modern Art After Artaud* (Yale University Press, 2021).
22 There is an excellent discussion of both references to Artaud and Artaudian aspects of Evans' work by Éric Alliez (with the collaboration of Jean-Claude Bonne) in 'Sounding Cerith: Counterpoints to a Mediomatrician Exhibition in the Form of a Metz Drift', *Cerith Wyn Evans: lueurs empruntées à Metz*.
23 Gilbert Simondon, *Individuation in Light of Notions of Form and Information*, Posthumanities, 57 (University of Minnesota Press, 2020), pp.4–15, 241–42, 364–78.

24 See Claire Bishop's review, 'Cerith Wyn Evans, Institute of Contemporary Arts, London,' *Artforum*, January 2007, www.artforum.com/events/cerith-wyn-evans-3-183156/ (last accessed 30 October 2025).

25 Frames from the *Shadows* series were included in the three-part exhibition *After Mallarmé* that I curated at Large Glass gallery, London in 2024. Also by Evans in that exhibition were *Leaning Horizon* (2015), and a set of photographs in A5 format that Evans took of the Shigemori garden at Tofuku-ji temple in Kyoto, which were intended to be handed to visitors and returned. For my exhibition notes, see www.largeglass.co.uk/After-Mallarme (last accessed 3 November 2025).

26 David Tudor is a predecessor in this conjuncture. See Lucy Bradnock, *No More Masterpieces: Modern Art After Artaud* (Yale University Press, 2021) for Tudor and Artaud; and Tamara Levitz, 'David Tudor's Corporeal Imagination', presented at the Getty Research Institute Symposium, 'The Art of David Tudor', in 2001, see: www.getty.edu/research/exhibitions_events/events/david_tudor_symposium/ and www.getty.edu/research/exhibitions_events/events/david_tudor_symposium/pdf/levitz.pdf (accessed 31 October 2025).

27 Leo Steinberg, 'The Flatbed Picture Plane', *Other Criteria: Confrontations with Twentieth-Century Art* (Oxford University Press, 1972), pp.82–91.

28 This is a different sense of diagram from the impoverished conception used by Benjamin HD Buchloh in his seminal essay, 'Painting as Diagram: Five Notes on Frank Stella's Early Paintings, 1958–1959', *October*, no. 143 (January 2013), pp.126–44.

29 Contra Buchloh's 'Oedipal' representation of Stella as restituting the 'law of the Father' by supplanting the 'fussy' encaustic painting of the homosexual Johns and erasing the iconicity of his *Flag* paintings.

30 Benjamin HD Buchloh, 'Painting as Diagram: Five Notes on Frank Stella's Early Paintings, 1958–1959', *October*, no. 143 (January 2013), pp.126–44, p.142.

31 Assemblage is discussed and used throughout Gilles Deleuze and Félix Guattari, *A Thousand Plateaus: Capitalism and Schizophrenia* (The University of Minnesota Press, 1987).

32 See Georges Didi-Huberman, *Survival of the Fireflies* (University of Minnesota Press, 2018).

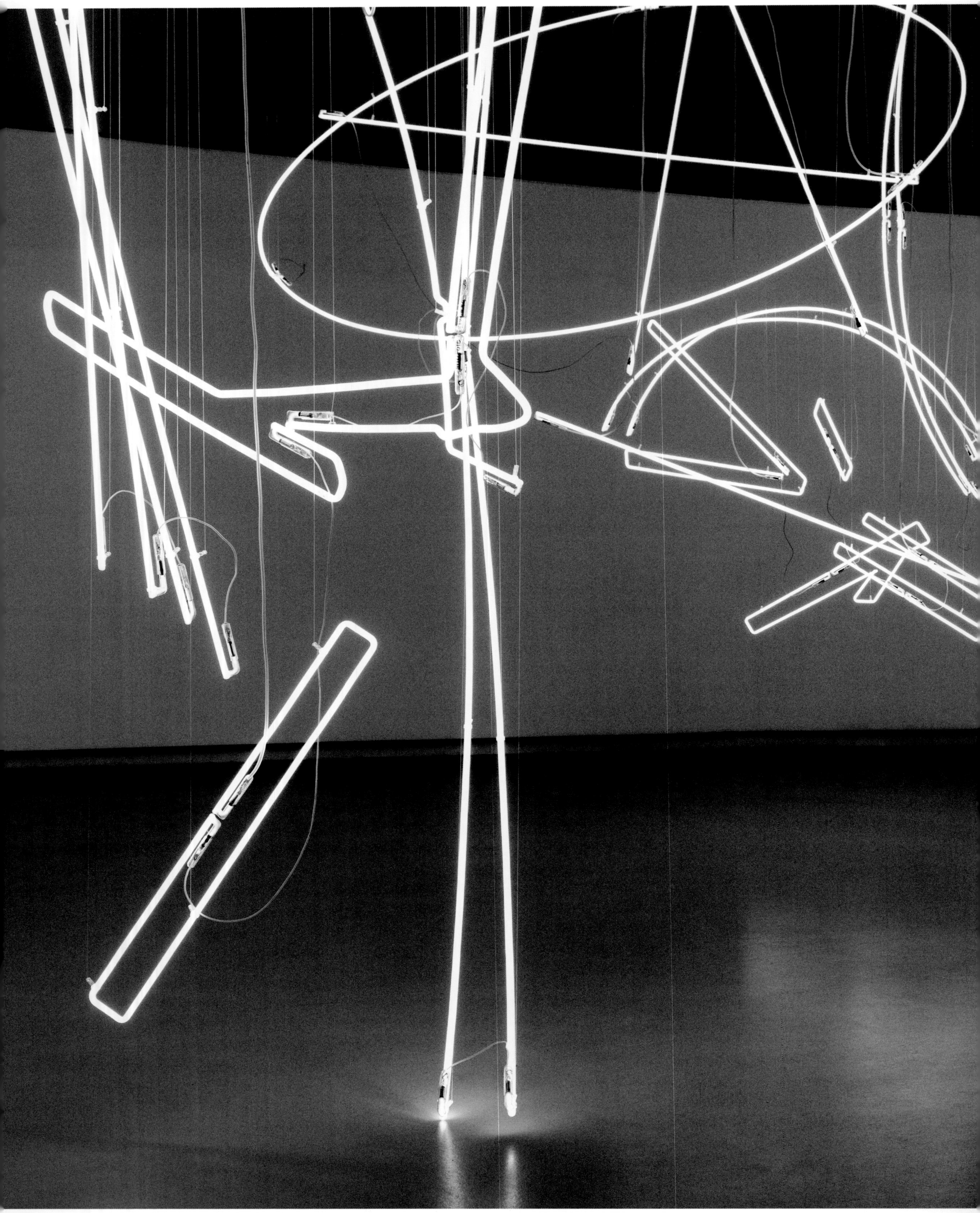

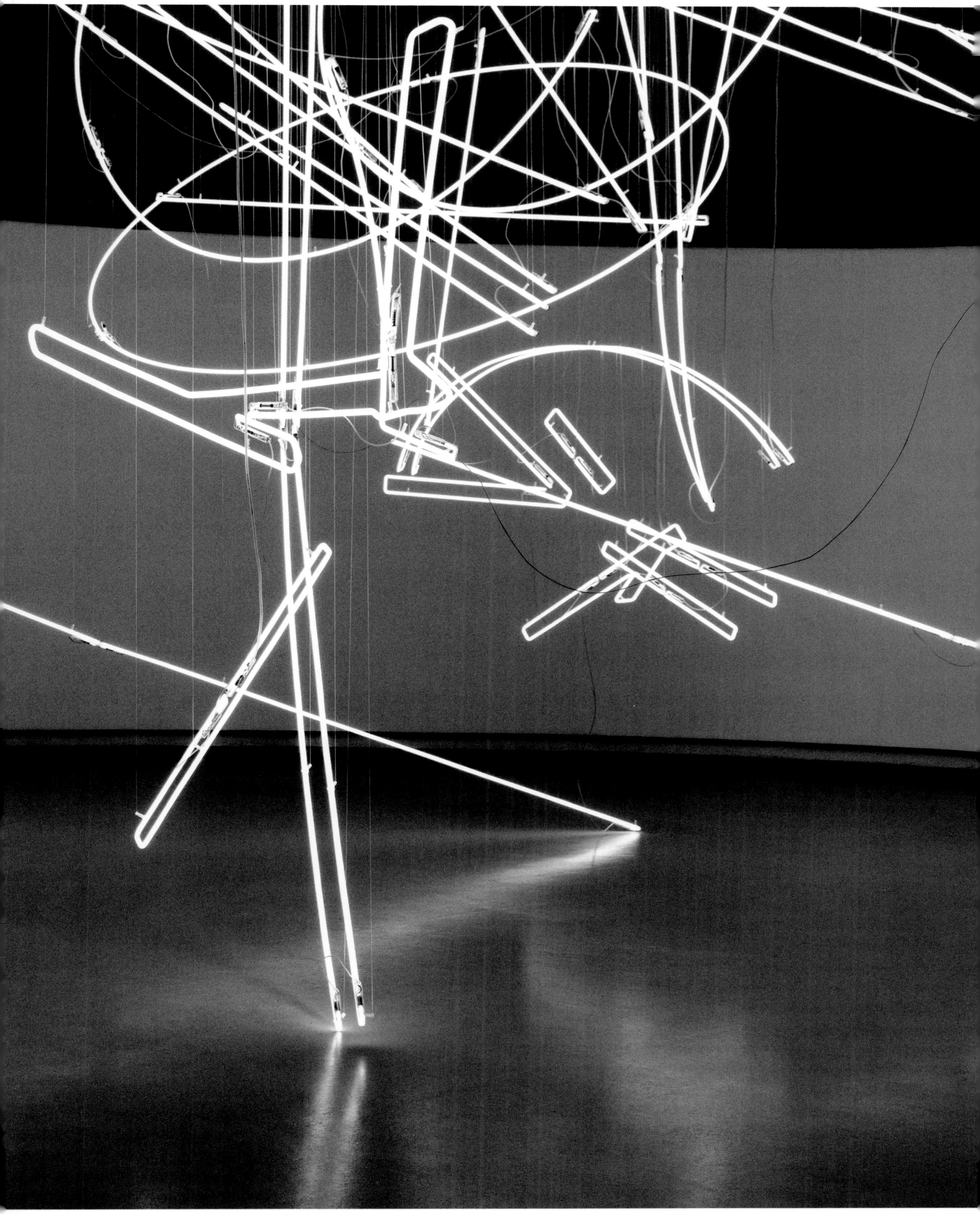

Cerith Wyn Evans in conversation with / à conversa com Sérgio Mah

SM *Começou a carreira no cinema experimental, mas as projeções dos seus filmes já incluíam objetos e elementos cenográficos. Qual foi a reação a essas projeções? Estão numa espécie de limbo entre o cinema e as artes visuais. Recorda-se do que estava a fazer e da reação?*

CWE Isso deveu-se ao facto de eu ter ido parar a um departamento na Saint Martin's School of Art, no final da década de 1970, que, na verdade, estava estruturado em torno dos *media* – ou talvez devesse dizer dos *mediums*. Havia um departamento de pintura, um departamento de escultura; outro departamento importante era o da moda. Nestes departamentos, havia subgrupos, coletivos mais pequenos de pessoas que se organizavam em torno de um programa alternativo. Nessa altura, a escola de escultura dividia-se em dois cursos: o A e o B. O curso B vinha de uma abordagem mais tradicional e modernista, e era dirigido por um grupo de artistas que se haviam notabilizado e vivido o seu momento de glória na geração anterior. Era liderado por Anthony Caro e pelos seus seguidores, daí a linhagem formalista e ideológica, que vinha da escultura tradicional tal como então fora desenvolvida e promovida por figuras como Henry Moore. Foi o curso A (de avançado) – que quase posso definir como tendo sido tudo menos isso – que acabou por me seduzir e aonde fui parar. Os precursores do meu tempo, aliás, os meus mentores imediatos, embora na altura ainda não os conhecesse, eram artistas que tinham frequentado a Saint Martin's havia cinco a dez anos. Entre eles, Gilbert & George, Richard Long, Barry Flanagan, ou seja, artistas que, de certo modo, não trabalhavam com técnicas convencionais ou meios escultóricos, e que incluíam a performance. Era um formato muito mais aberto, e a interdisciplinaridade era bem-vinda. Trabalhar com cinema foi uma maneira de, em parte, me libertar da materialidade da escultura, o que adveio de ter tomado contacto com o exemplo dos Acionistas Vienenses e a sua relação com Kurt Kren, o grande realizador do Acionismo, em específico o trabalho de Rudolf Schwarzkogler e Günter Brus, que levaram a cabo performances privadas, documentadas apenas através de fotografias. Houve uma espécie de tomada de consciência ao perceber que Schwarzkogler fazia essas performances em privado, das quais sobreviveram apenas pequenos fragmentos. Não me parece que ele estivesse a posar para as fotografias. A performance ocorria «enquanto performance», mas para uma câmara, e, até certo ponto, o meu entendimento dos primórdios do teatro *noh* tem também que ver com a possibilidade – e o que efetivamente acontecia – de as pessoas utilizarem *gagaku* ou atores *noh* em rituais ou peças para os mortos, seus antepassados. Uma peça podia ter lugar num cemitério, sem qualquer público além dos mortos. Este corolário, este paralelismo entre os mortos e a fotografia, sempre me interessou.

Voltando à sua pergunta, era aceitável produzir cinema *enquanto* escultura. Montei estas instalações para as filmar, e foi o filme que constituiu, à falta de melhor termo, e num sentido bastante lato, a iteração da escultura.

SM *Your career began in experimental film, but the film presentations already included objects and scenographic elements. What was the reaction to those presentations? They're in a kind of limbo, between cinema and visual arts. Can you recall what you were doing and the reaction?*

CWE It came out of the fact that I had ended up within a department at Saint Martin's School of Art in the late seventies, that was structured around media, really – or I should say mediums. There was a painting department, there was a sculpture department; another major department would have been fashion. Within these departments, there were sub-groups, smaller collectives of people that were organised around an alternative agenda. The sculpture school at the time was divided into two courses: the A course and the B course. The B course came from a more traditional, modernist approach, and was led by a group of artists who had been prominent and had their moment in the spotlight a generation earlier. It was led by Anthony Caro and those who followed him, so there was a formalist, ideological lineage which came from traditional sculpture as had then been developed and promoted by the likes of Henry Moore. Almost defining itself as being everything but, it was the A (for advanced) course that I found myself attracted to and landed in. The precursors to my time there, my immediate mentors as it were, although I wasn't to meet them yet, were artists who had previously been at Saint Martin's five to ten years earlier. Among them were Gilbert & George, Richard Long, Barry Flanagan: these artists who somehow didn't work with conventional techniques or sculptural means, and who included performance. It was a much more open form, and interdisciplinary activity was welcomed. Working in film was a way of partly liberating myself from the materiality of sculpture, and that came from being introduced to the example of the Viennese Actionists, and their relationship to Kurt Kren, the great Actionist filmmaker, and specifically the work of Rudolf Schwarzkogler and Günter Brus, who made performances in private, and the only documentation was photographs of the performances. Something of a realisation came with appreciating that Schwarzkogler made these performances in private, and it was only little shards that remained. I don't think he was posing for photographs. The performance took place 'as a performance', but for a camera, and to a certain extent my appreciation of what I understand about early Noh is also to do with the fact that you could, and people did, employ gagaku or Noh actors in order to perform rituals or plays for the dead, their ancestors. A play would take place in a cemetery, to no audience whatsoever apart from the dead. This corollary, this parallel between the dead and photography, has always interested me.

To go back to your question, producing film *as* sculpture was acceptable. I made these set-ups in order to film them, and it was the film that constituted, for want of a better term, and very broadly, the iteration of sculpture. The film *became* a sculpture of sorts. But instead of having

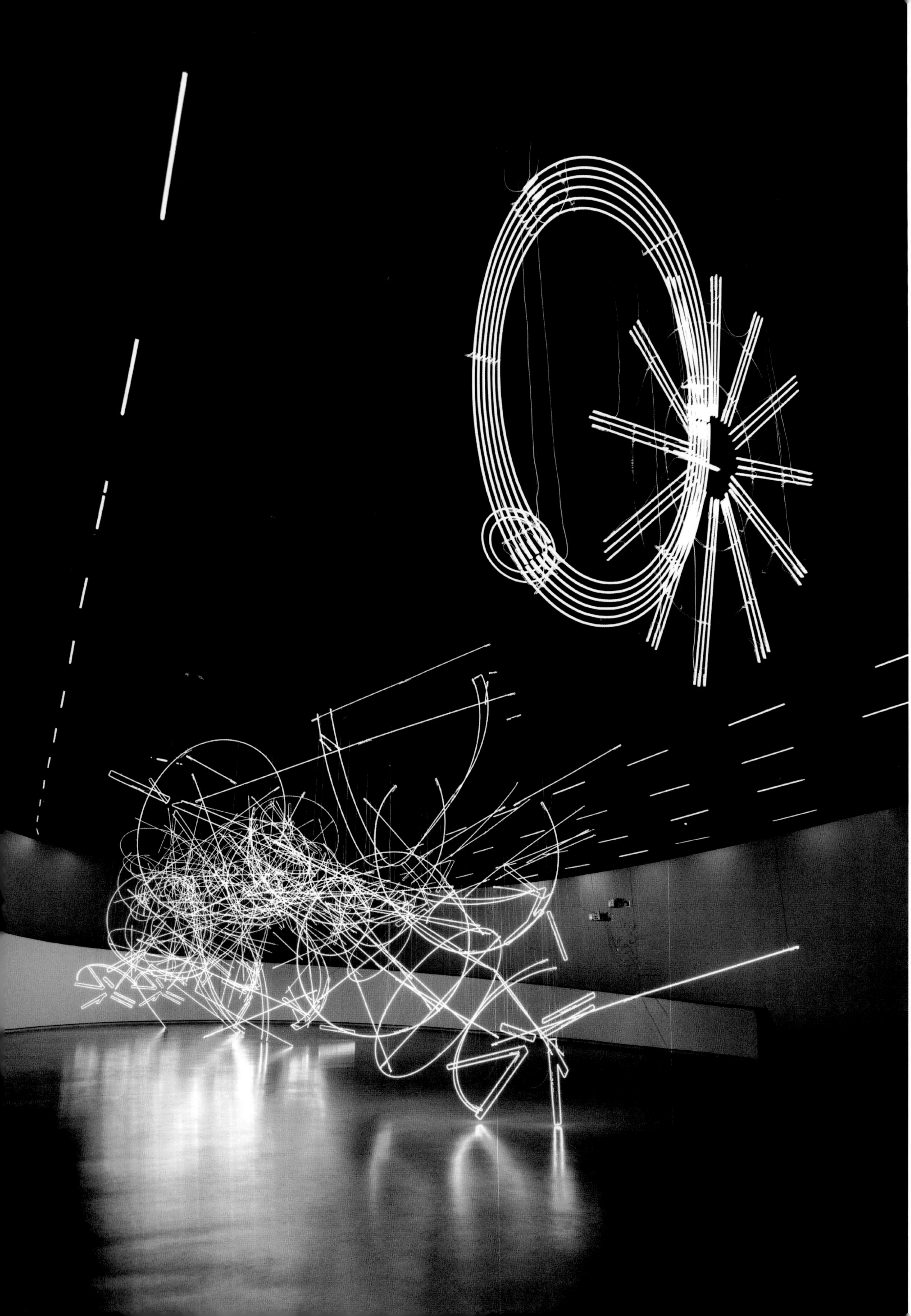

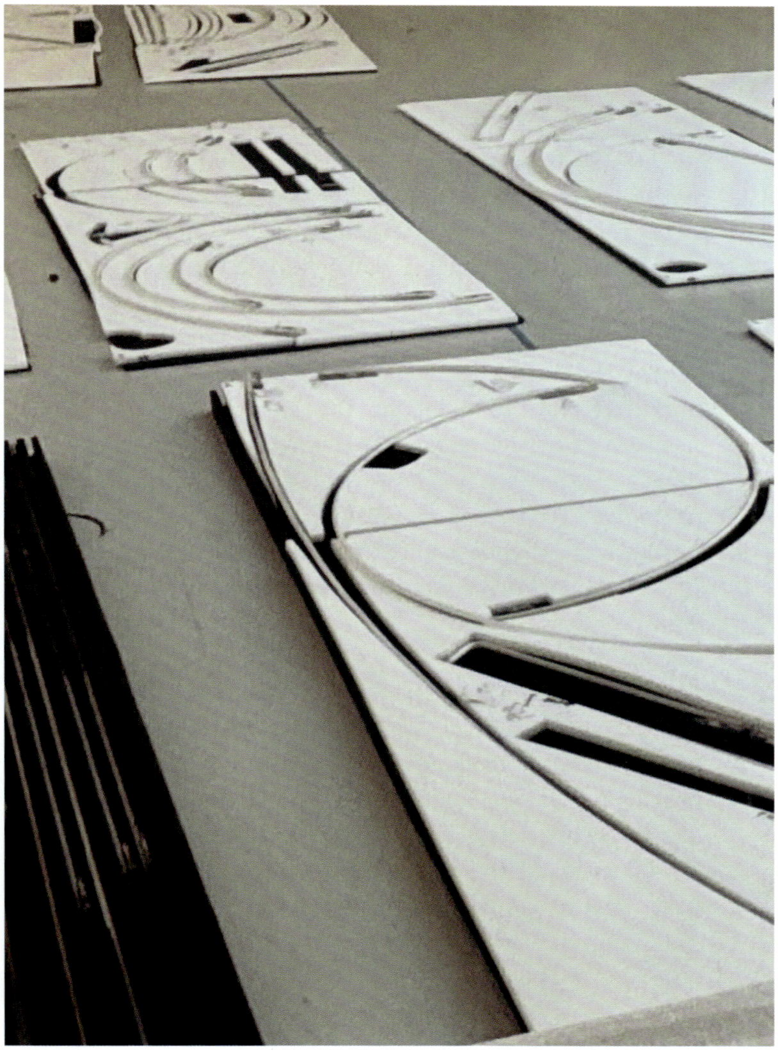
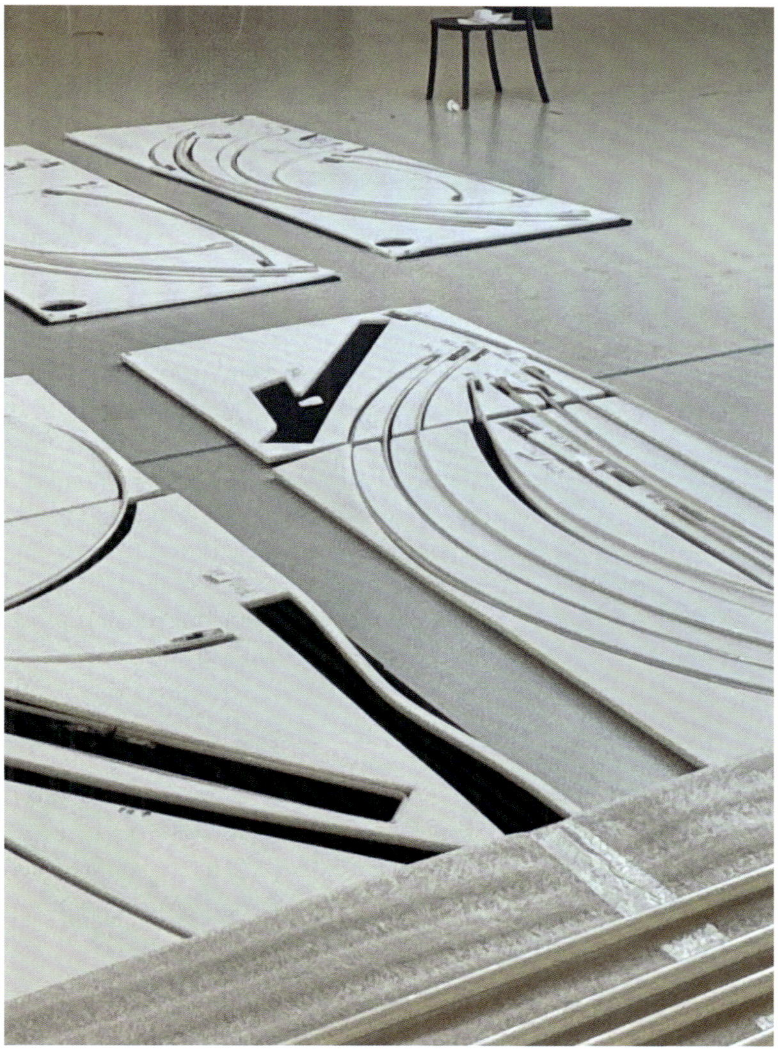

O filme tornou-se uma espécie de escultura. Mas, em vez de algo que se teria de carregar numa carrinha, podíamos andar com um pequeno saco e a pequena Super 8, e essa era a nossa escultura. Havia vantagens na medida em que se aproximava muito mais do efémero, embora, simultaneamente, mediado por lentes. Os meus conhecimentos de fotografia e respetivos aspetos práticos remontam à minha infância. O meu pai, que era fotógrafo, ensinou-me a revelar fotografias: quis mostrar-me o milagre de pôr algo debaixo de um ampliador, a seguir no revelador, *et voilà!* A influência do meu pai não pode ser subestimada, porque fez parte de algo com que me sentia à vontade. Contudo, posso ter cometido o erro de querer formalizar este à-vontade, indo estudar cinema no Royal College of Art, onde me senti deslocado quer como realizador, quer como escultor. É que, como escultor, tentava fazer filmes e, como realizador, tentava fazer algo diferente, em vez de respeitar as convenções do que eles entendiam que era cinema. Foram tempos difíceis.

SM *Mas, em meados da década de 1990, houve um movimento claro no sentido da materialidade e da escultura e, mais tarde, da instalação.*

CWE Para muitas pessoas, até pode parecer que sim, mas não foi o meu caso. Isto porque, no início e em meados dos anos [de 19]80, os filmes eram exibidos num contexto «teatral». Havia objetos na sala; mudávamos os móveis; queimávamos incenso no cinema; havia um carrinho de bebidas; havia fruta para comer; perfumava-se a sala – criava-se, dentro do cinema, um microambiente que contribuía para «intensificar» a experiência a nível sensorial. Perfumar uma sala de cinema, acrescentar-lhe algo, expandir o cinemático – claro que já existia o chamado cinema expandido, mas o que nós queríamos era conferir características *queer* ao espaço do cinema. À mínima possibilidade, tendíamos sempre para a inversão. Por exemplo, eu gostava muito de ouvir música nos intervalos; por isso, entre as projeções, passávamos música que podia ser reproduzida no cinema. No intervalo podia ouvir-se música dodecafónica da Segunda Escola de Viena; Schönberg, Berg ou Webern, etc. Muitas vezes, a banda sonora era um *jazz new age kitsch*, mas, assim que o filme terminava, ouvia-se uma sonata dodecafónica, uma peça atonal de Schönberg, do período anterior às guerras. Portanto, havia esta inversão e depois havia uma inversão dentro dessa inversão. Havia uma tentativa constante de debilitar as hierarquias que sustentavam uma experiência normativa, o que se esperava da experiência. De modo geral, fazia-se troça dela, não era levada muito a sério, sobretudo entre os intelectuais que se agarravam a uma ideologia neomarxista que analisava especificamente o rumo que o cinema pós-estruturalista, ou estruturalista, o cinema da materialidade, estava a levar. Opusemo-nos a isso durante algum tempo. Mas a verdade é que, pelo menos para mim, continuava lá, no meu íntimo, e agora está até mais forte do que naquela altura. Nunca me senti muito confortável com a ideia de rejeitar essa posição, porque há simplesmente

something which you'd have to lug on the back of a truck, you would carry a little bag with your little Super 8 film in, and that was your sculpture. So there were advantages from the point of view of its being much closer to the ephemeral, but at the same time, through a lens-based medium. My knowledge of photography and the practicalities of that went back to being a very young child. My dad, who was a photographer, would show me how to develop a photograph, just because he wanted to show me the miracle of how you put something under an enlarger and then you put it in developer, *et voilà!* His influence can't be overestimated, because that was a part of something that I felt comfortable with. But probably a mistake that I did make was to then go on to formalise that, and I studied film at the Royal College of Art, where I was equally uncomfortable as a filmmaker as I was as a sculptor. Because as a sculptor I was trying to make films, and as a filmmaker I was trying to do something else rather than comply with the conventions that constituted what they thought of as filmmaking. A miserable time.

SM *But in the mid-nineties there was a clear movement into materiality and sculpture, and later, installation.*

CWE It appears that there would be to many people, but it wasn't the case as far as I was concerned. Because in the early to mid-eighties, the context was 'theatrical' for showing the films. There were objects in the room; we would change the furniture; we would burn incense in the cinema; there would be a drinks trolley; there'd be fruit that you could eat, you'd perfume the room – you'd be creating, within the cinema, a micro-environment that would go sensorially somewhere to 'enhance' the experience. To perfume a cinema, to add something to it, to actually expand the cinematic – of course there was expanded cinema, but what we wanted to do was queer the cinema space. At every point where there could be an inversion, we would lean towards that. For instance, I really liked interval music, so you could have music that would be played in a cinema, in between the films being shown. The interval music could be Second Viennese School twelve-tone music; Schoenberg and Berg and Webern, etc. Quite often there'd be a kitsch new-age jazz soundtrack to the film, but once the film ended you'd then have a twelve-tone sonata, an atonal piece of music from before the wars by Schoenberg. So there'd be this inversion and then an inversion within that. There was constantly an attempt to undermine the hierarchies that supported a normative experience, what you would expect of the experience. Broadly, it was made fun of, not taken very seriously, especially among the intellectuals who were clinging onto a neo-Marxist ideology that specifically looked at how post-Structuralist cinema, or Structuralist cinema, cinema of materiality, was progressing. We turned for a while against that. But that, for me at least, in my heart of hearts, was still there, and it's stronger now than it was. I've never been very comfortable with the idea of overthrowing that position, because there's

tanto assombro e beleza e alegria e exuberância neste cinema que são reduzidos a praticamente nada.

SM *Depois dos filmes, começou a fazer esculturas com luz, especificamente com luzes de néon.*

CWE Os filmes são luz e o néon também. Se olharmos com atenção, a diferença é ínfima. Fiz um filme com o qual fiquei bastante descontente e que foi financiado pelo British Film Institute. Era necessário informá-los previamente em que é que íamos gastar o dinheiro. Portanto, acabámos por seguir uma metodologia e técnicas de produção de filmes que eram realmente muito tradicionais e mesmo mais profissionais do que qualquer coisa que eu fizera até então. Esta aproximação à produção cinematográfica convencional foi uma experiência que me incomodou bastante. Havia maneiras corretas de fazer as coisas e havia maneiras incorretas de fazer as coisas, de modo que estávamos sempre a ir contra determinadas coisas para perceber se era possível fazer outra coisa qualquer. Depois da montagem, eu já não suportava ver o filme; foi a má experiência que me fez sentir: «Nunca mais volto a fazer isto. Porque não regressamos a um espaço físico? Porque não organizamos as coisas na sala de cinema?» Esse foi o ponto de viragem. Apesar de eu ter sempre projetado filmes no contexto de um cenário escultórico – era impossível não dar pela presença do projetor na sala ou dos vários adereços diferentes que eram usados para encenar a projeção –, nessa altura deu-se uma mudança de paradigma: senti que podia abandonar a imagem em movimento, mas o movimento seria sempre o tema do que estivesse a «acontecer».

SM *É bastante revelador que a primeira peça em néon tenha surgido no momento em que estava a tentar sair de uma sala de cinema.*

CWE É ridículo, na verdade; contado ninguém acredita. É banalíssimo, porque este TIX3 nasceu de ter ficado fechado na saída de emergência de um cinema, porque as portas para a rua estavam acorrentadas uma à outra, e a porta atrás de mim já se tinha fechado. Dei por mim encurralado nesse espaço exíguo, e a única coisa que via era a parte de trás do sinal de saída, em acrílico. Leigh Bowery ia no terceiro balde de pipocas, enquanto assistia a *Top Gun*, mas eu fartei-me e disse: «Vou-me embora. Encontramo-nos daqui a uma hora na Häagen-Dazs da Leicester Square.» E então saí e fiquei fechado, sem conseguir voltar a entrar, e tive de esperar que o filme acabasse para poder sair. Mas foi assim que aconteceu – uma história estúpida, mas engraçada… o dia em que me transformei numa estátua de sal.

SM *Teve formação experimental e foi influenciado pelos conceptualistas, nomeadamente por Marcel Duchamp.Porém, olhando para a maior parte das suas esculturas, é difícil identificar um estilo ou um eixo estético. A combinação de uma elegância sóbria na sua obra com um profundo interesse pela qualidade da execução, que pode envolver processos artesanais ou tecnologia avançada, é bastante diferente daquela que apresentou no início da carreira.*

CWE As coisas evoluem e uma pessoa ganha confiança na utilização de um determinado material.

just too much awe and beauty and joy and exuberance in this cinema which is attenuated down to almost nothing.

SM *After the films you started making sculptures with light, specifically with neon lights.*

CWE Films are light and neon is too. If you look closely at it there's very little difference. I made a film which I was rather unhappy with, which was funded by the British Film Institute. You had to tell them in advance what you were going to spend the money on. So you fell into a methodology and a technique of film production that was really quite traditional, and more professional than anything I had previously done. This move towards the conventional production of cinema was a very uncomfortable experience for me. There were correct ways of doing things and incorrect ways of doing things, so you were constantly pushing against certain things in order to see whether something might be possible. By the time the film was edited I couldn't bear to look at it; it was the bad experience that made me feel, 'I'm never doing that again. Why don't we move back to being in a space? Why don't we organise things in the room?' That's the point at which the change came. Even though I'd always screened films within the context of a sculptural set-up – you'd be very aware of the presence of the projector in the room, or various different props that you were using in order to stage the screening – a paradigm shift happened at that point, where I felt that I could leave the moving image behind, but movement would always be the subject of what was 'happening'.

SM *It's quite revealing that the first neon piece appeared while you were trying to leave a theatre.*

CWE It's ridiculous really; you couldn't make it up. It's so banal, because this TIX3 came from being locked into the exit from a cinema, and the doors onto the street were chained together, but the door behind me had closed. So I was trapped in this small space, and all I could see was the back of the exit sign, etched into Plexiglass. Leigh Bowery was sitting enjoying his third bucket of popcorn watching *Top Gun*, but I just couldn't stand it and I said, 'I'm leaving. I'll see you in Häagen-Dazs in Leicester Square in an hour.' So then I left, got trapped, couldn't get back in, and I had to wait for the film to end and then leave. But that's how it came about – stupid, but a funny story… turning into a pillar of salt.

SM *You had this experimental background, and there was influence from the conceptualists, namely Duchamp, but looking at most of your sculpture now, it's difficult to pinpoint a style or an aesthetic axis. This combination of a sober elegance in the work and a deep interest in the quality of execution, whether involving artisanal processes or advanced technology, is quite different from what you had at the beginning of your career.*

CWE Things evolve, and you become confident in the use of a certain material. Just like with a musical instrument, you learn to take it to a certain point and then something comes in that makes you think twice, enough to try picking it up from that point again and

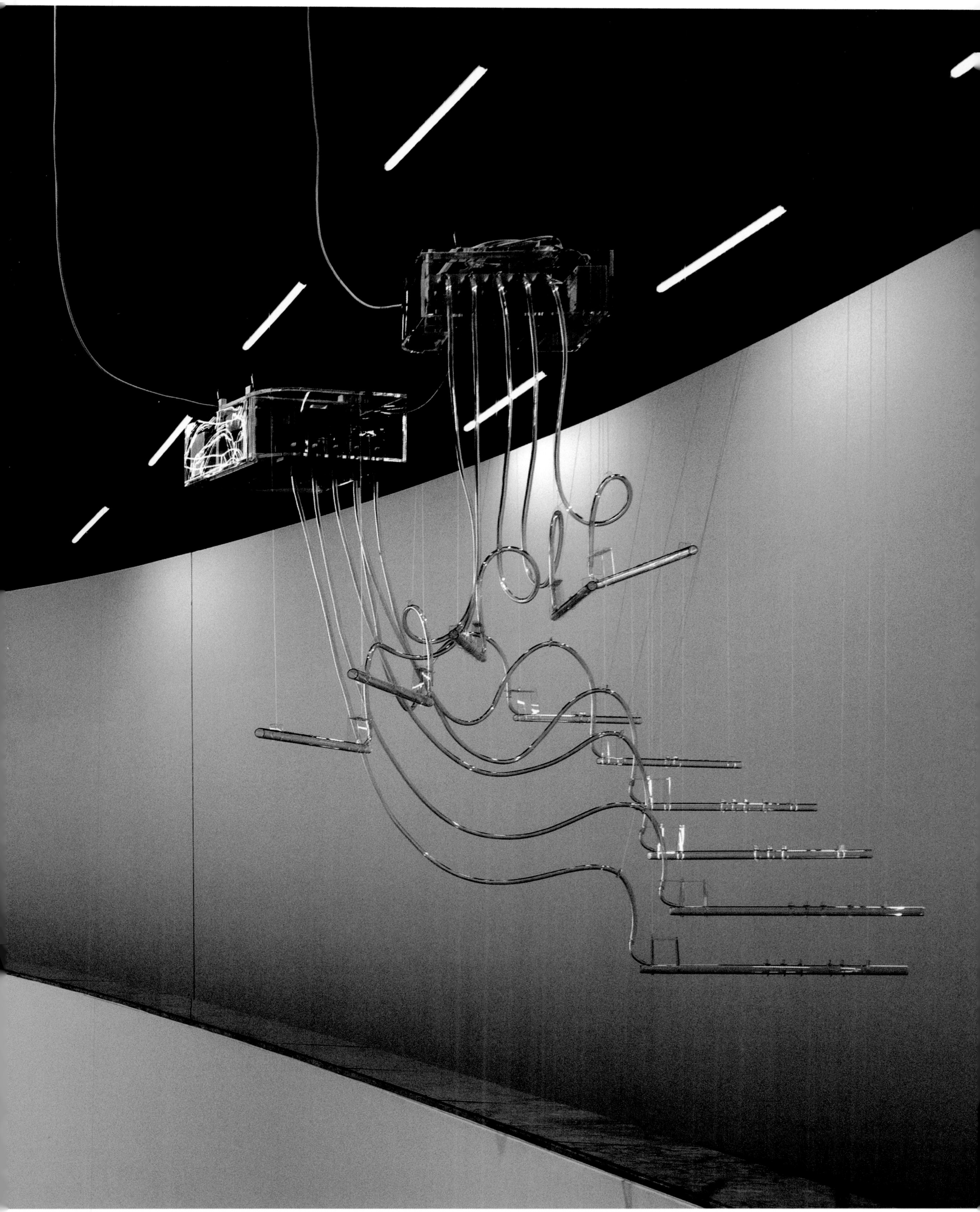

É exatamente o que acontece com um instrumento musical: aprendemos a levá-lo até certo ponto, e depois surge algo que nos faz pensar duas vezes, o bastante para tentar chegar novamente a esse ponto e vê-lo sob outro prisma. Acabamos por fazer uma espécie de variação e, quando damos por isso, temos uma paleta de técnicas alargada. A partir daí, começamos a procurar formas através das quais a técnica dá origem a uma espécie de reconhecimento estético. As coisas começam a adquirir uma aparência mais familiar, e não tarda em termos uma espécie de assinatura. Se, ainda assim, o resultado for suficientemente interessante, embora tudo se transforme e entre em movimento, acabamos por alcançar um ponto de equilíbrio. Para um designer, será um casaco ou um vestido ou um tipo de letra. Acabamos sempre por nos identificar com algum género de «corpo». Embora a minha tendência seja encontrar uma maneira de retirar importância ao corpo, ou de o retirar de cena. Portanto, o que acontece, se é que alguma coisa acontece, é que, por via da negação, muitas dessas coisas se tornam atraentes – pensemos noutra forma de retirar o corpo de cena, noutra forma de deixar o corpo para trás. Genesis P-Orridge, provavelmente por intermédio de William Burroughs, referir-se-ia ao corpo simplesmente como uma mala de viagem barata; é apenas o meio de transporte da alma e não vale nada. De certo modo, esta mala de viagem barata ainda anda por aí e, ao fim de algum tempo, sinto que tenho de reconhecer e prestar mais atenção quando começa a ser preciso mudar alguma coisa... com algum propósito imaginário.

SM *É evidente o seu enorme interesse pela cultura japonesa. Como surgiu a relação com o Japão e como a descreveria?*

CWE Tive a sorte de visitar o Japão pela primeira vez na sequência do convite de duas pessoas – Akiko Miyake e Nobuo Nakamura – que geriam um espaço chamado CCA – Centre for Contemporary Art, em Kitakyushu, Kyushu. Incluía um programa de residências artísticas. Graças ao seu trabalho árduo, determinação e generosidade, recebiam pessoas de todo o mundo num caldeirão de vozes distintas que deviam trabalhar e viver juntas. Havia um grupo de pessoas no conselho do CCA – um grupo internacional de artistas, curadores e escritores –, escolhidas por Akiko e Nobuo e que se encontravam uma a duas vezes por ano para selecionar os participantes do ano seguinte. Se eles considerassem que alguém era o género certo de artista com o género certo de abordagem, então fariam tudo o que pudessem para levar lá essa pessoa. É preciso notar dois aspetos: de um lado, tínhamos os artistas que participavam na residência; do outro, os visitantes, ou seja, os artistas convidados que estavam de visita. Como tinham um espaço de galeria vazio, muito bonito, imaculado e enorme, os visitantes eram convidados a expor – chegar lá, olhar à volta e escolher aquilo em que queríamos trabalhar. Escolhi construir uma *Dreamachine*[1], e isso tornou-se uma importante ponte para que a escultura viesse a utilizar imagens como base. Partia-se sempre

see it differently. So you end up making a kind of variation, and before you know it, you have a palette of extended techniques. You then start looking at ways in which technique gives birth to a kind of aesthetic recognition. Things start taking on a more familiar appearance, and soon you've got a kind of signature. If it's still interesting enough, although everything will morph and begin to move, you settle at a point. A designer might think of a jacket or a dress or a typeface. You still end up relating to some kind of 'body'. Though I think more of a constant for me is trying to find another way of degrading or evacuating the body. So, if anything, a lot of those things, by negation, become attractive – let's think of another way we can evacuate the body, another way we can leave the body behind. Genesis P-Orridge, probably through William Burroughs, would refer to the body as just a cheap suitcase; it's just the thing that carries the soul around, it's not worth anything. This cheap suitcase is somehow still there, and after a while, I feel I have to recognise and listen more closely to when things feel like they need to change... with some imaginary purpose.

SM *You have, of course, a great interest in Japanese culture. How did this relationship arise and how do you describe it?*

CWE I was fortunate enough to visit Japan for the first time because I was invited by two people – Akiko Miyake and Nobuo Nakamura – who ran an initiative called CCA – Centre for Contemporary Art, in Kitakyushu, Kyushu. They had a residency programme there. Because of their hard work, their determination and their generosity, they welcomed people from all over the world to a cauldron of different voices that were all expected to somehow work together, live together. There was a group of people on the board of CCA, an international group of artists, curators and writers, who had been assembled by Akiko and Nobuo to meet once or twice a year and select the participants for the following year. If they felt it was the right kind of person with the right kind of approach, then they'd do anything they could to make it possible. There were two aspects: the people who did the residency, and then there were the visitors, the visiting guest artists. As a visitor, because they had a very beautiful, pristine, empty huge gallery space, you were invited to do a show – to arrive there and look around and see what you wanted to make some work from. I chose to build a *Dreamachine*,[1] and that became quite an important bridge to sculpture becoming image-based. We started off always with sculpture. The very first things I made at Saint Martin's were a number of ceramic pieces, stones out of clay that really resembled stones to such an extent that they were never seen again. I took a small suitcase of stones to Brighton Beach and placed them there; if you blinked, the work had disappeared. And of course, when the tide comes in, they melt, and return to the earth again, so in a way these were the first things I did that were truly ephemeral, performative, conceptual works, abundant with the joy and the humour that came from not taking

de uma escultura. Uma das primeiras coisas que fiz na Saint Martin's foi uma série de peças de cerâmica, pedras feitas de barro que pareciam tão reais que nunca mais as via. Levei uma pequena mala cheia de pedras para a praia de Brighton e depositei-as lá; bastava piscar os olhos, e a obra já tinha desaparecido. E, claro, quando a maré subia, desfaziam-se e regressavam à terra – por isso, de certa forma, estas foram as minhas primeiras obras verdadeiramente efémeras, performativas, conceptuais, imbuídas daquela alegria e daquele humor de quem não leva a vida demasiado a sério. Nessa altura, Anthony Caro fazia umas esculturas que mais tarde acabei por admirar. Eram compostas por uma mesa e uma espécie de forma abstrata construída que, muitas vezes, oscilava no rebordo; daí que as esculturas transmitissem, de certa maneira, equilíbrio e tensão. Mas eu queria desmontar e erradicar o que então sentia como uma influência hostil daquelas peças machistas de Anthony Caro, embora posteriormente tenha aprendido a apreciá-las mais. Fiz uma série de «figurinhas» de ditadores sentados à beira de mesas, pequenas figuras de porcelana em argila natural. Todas muito mal-amanhadas, uma vez que não queria perder tempo a criá-las – faziam lembrar caricaturas, bastante grosseiras, ao estilo de Thomas Schütte, mas com uma insígnia fascista, o que enfureceu toda a gente na Saint Martin's. Não se podia fazer estatuetas de Hitler sentado no rebordo de uma mesa, com, se a memória não me falha, meias de rede e saltos altos. Foi uma provocação (estávamos em 1977). Mas eu também não estava lá muito preocupado em preservá-las; por isso, se caísse ao chão e uma perna se desprendesse por não estar bem feita, tudo bem – ia para o lixo e pronto.

A minha formação vem deste tipo de escultura e, depois, quando as coisas começaram a ficar um pouco mais sérias e ganharam peso na Saint Martin's, fiz os filmes. Fiz filmes durante uns dez anos – foi durante este período que conheci Derek Jarman. Gravava tudo com a Super 8, com a qual estava mais ou menos satisfeito. Na verdade, só precisávamos de um projetor de 16 mm se quiséssemos uma imagem com mais qualidade, «contar uma história» ou, ainda, mantê-los preservados mais tempo. Era a impermanência dessas coisas que me atraía. Portanto, acerca do regresso à escultura, toda a gente diz: «Ah, começaste pelos filmes.» Não – comecei na escultura. Depois mudei de direção, porque a realização de filmes não era própria da escultura. Dizia-se: «Não, isso não é escultura; é cinema.» Por isso, fui – equivocadamente – aprender a fazer cinema no Royal College. Depois, regressei àquilo que na altura se considerava escultura. Mas, ao longo dos últimos vinte ou trinta anos, levei constantemente com aquela conversa «é escultura, é pintura, é performance ou é cinema?», e fazer a distinção nunca me pareceu relevante.

SM *A distinção não é sua. Mas, voltando ao seu interesse pelo Japão, mais tarde, fez um conjunto de obras muito importante,* Neon Forms (after Noh)*. Como nasceu esta série?*

life too seriously. Anthony Caro, at the time, was making these sculptures, which I subsequently came to admire. You had a table, and then you had some kind of abstract constructed form that would quite often teeter over the edge, so they dealt with balance and tension in a way. But I wanted to debunk and eradicate what I felt at the time was the hostile influence of these macho Anthony Caro things, though I've subsequently gone on to be able to appreciate them more. I made a series of 'figurines' of dictators that sat on the edges of tables, little porcelain figures in raw clay. They were all very badly made, because I wasn't going to spend time making them – quite cartoonish, quite rough, like Thomas Schütte but with fascist insignia stuck on, which drove everyone at Saint Martin's mad. You didn't make figurines of Hitler sitting on the edge of a table, with, I seem to remember, fishnet stockings on and high heels. They were a provocation (it was 1977). But I wasn't too concerned about preserving these things, so when a leg fell off when it hit the floor because it wasn't done properly, fine – just throw them away.

It was this sort of sculpture that I came from, and then, as things got a little bit more serious and invested at Saint Martin's, I made these films. I made films for around ten years – during this time I met Derek Jarman – I was shooting everything on Super 8, which I was more or less happy to work with. You'd only really want a 16mm projector if you wanted a better-quality image, or you were 'telling a story', or you wanted them to last. It was the impermanence of those things that I found attractive. So this return to sculpture – everyone says, 'Oh, you started off as a filmmaker.' No, I started off making sculpture. Then I moved because it was quite un-sculpture-proper to make a film. People would say, 'No, that's not sculpture, it's filmmaking.' So then mistakenly I went to do filmmaking at the Royal College. Then I returned to what was seen as being sculpture. But throughout the last twenty or thirty years, I've constantly had to negotiate this conversation about 'is it sculpture, is it painting or performance, is it film?' and I've never really seen the distinction as being relevant.

SM *The distinction doesn't come from you. But going back to your interest in Japan, later you made a very important body of work, which are the* Neon Forms (after Noh)*. How did this series emerge?*

CWE I was given the opportunity to be in Japan, and because I'd been invited, I had somewhere to stay, they had a budget, and I had a work permit visa. I could travel to Tokyo. So, for the very first time, I was exposed to all those things, and I became enamoured by many aspects of Japan. It began my attraction, my alliance. I calculated (roughly so far) that I've been to Japan forty-two times. That's one or two journeys every single year for the last thirty years. It's closer to me to think of being immersed in Japanese culture: the repertoire, the atmosphere, the customs, the timing, the modes of transport, the relative difficulty that you start off with in language. As you grow

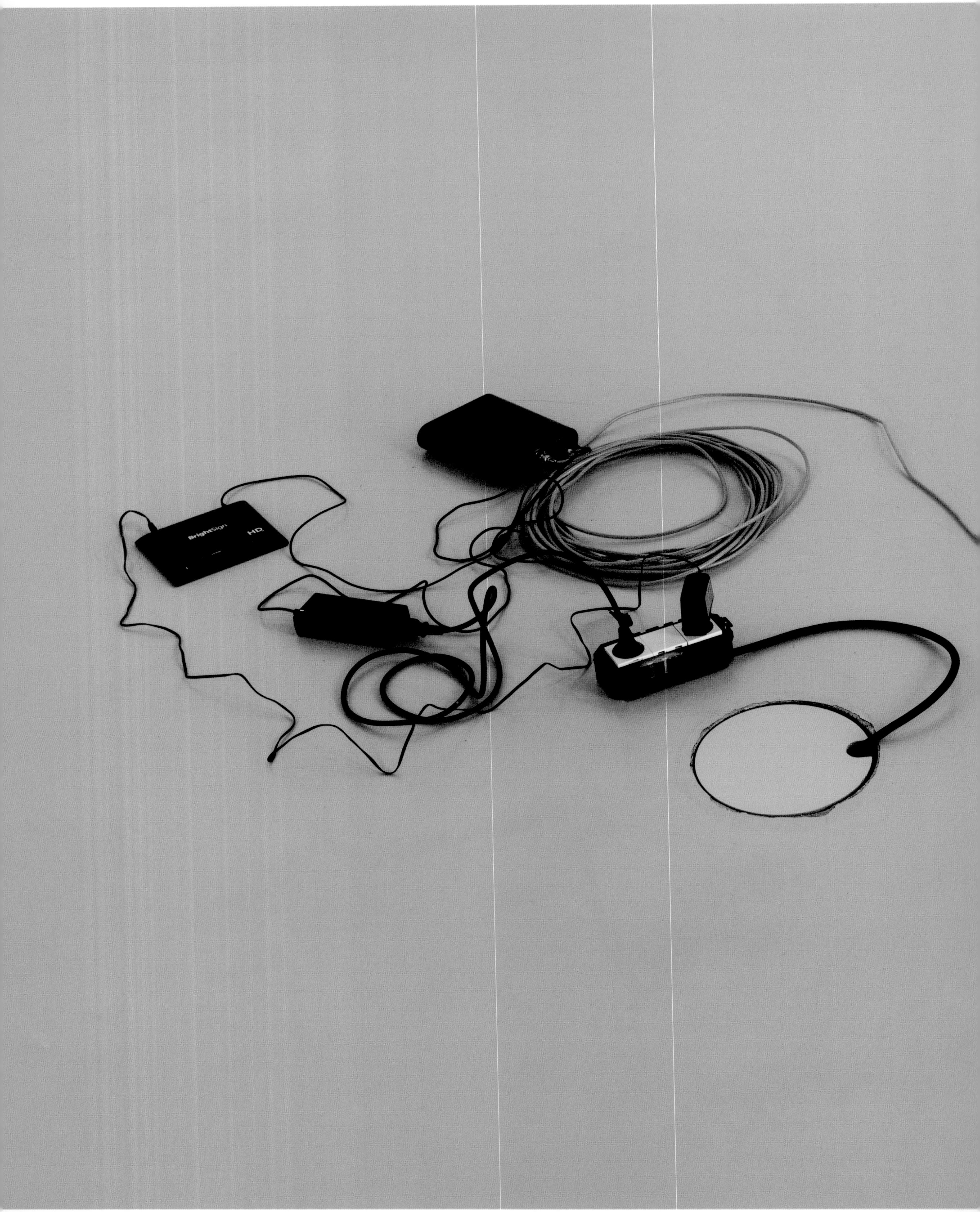
BrightSign
HD

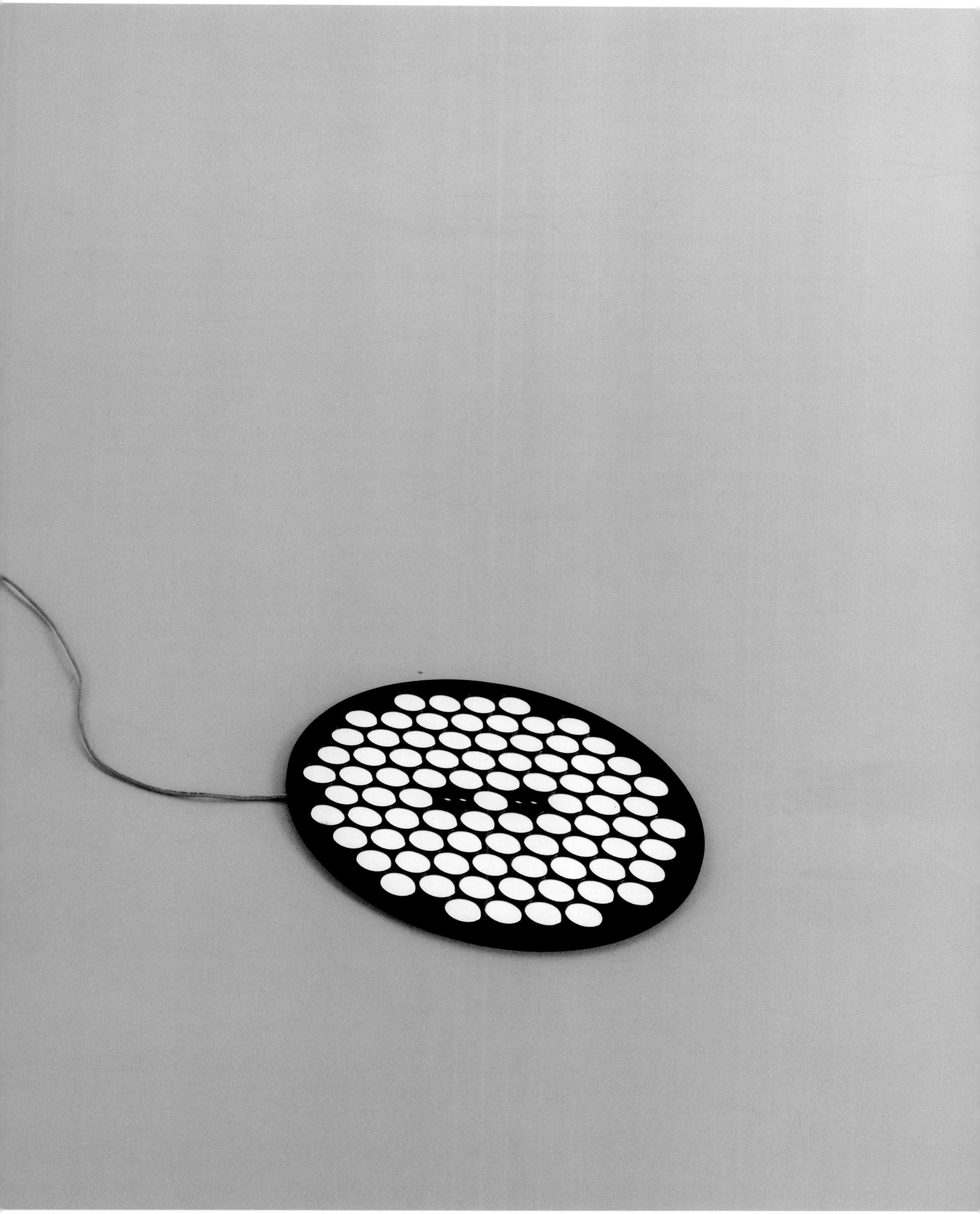

CWE Surgiu-me a oportunidade de visitar o Japão e, como fui convidado, tinha onde ficar, despesas pagas e um visto de trabalho. Viajei para Tóquio. Pela primeiríssima vez, pude viver estas coisas e, sob muitos aspetos, fiquei encantado com o Japão. Foi o início da minha atração, da minha ligação. Assim, por alto, já estive no Japão 42 vezes, o que corresponde a uma ou duas viagens por ano nos últimos 30 anos. A minha experiência pessoal é a de imergir na cultura japonesa: o repertório, o ambiente, os costumes, o ritmo de vida, os meios de transporte, a dificuldade relativa de começar a aprender uma língua nova. À medida que nos vamos familiarizando, ocorre uma espécie de osmose. E, claro, estava fascinado visual e esteticamente pelo Japão: a caligrafia, os jardins, alguns dos aspetos mais esotéricos das tradições do folclore e do teatro; a diferença entre os teatros *kabuki* e *noh*, e ainda o *Bunraku*, que é o teatro de marionetas e que, em parte, vem do *noh*, na sua forma mais antiga. Comecei a pesquisar, a analisar e a ir ao teatro assistir a peças *noh*. A imersão na cultura *noh* levou-me a pensar no modo como as peças são escritas, feitas, codificadas e representadas. Há cinco tipologias de peças distintas e cada peça encaixa numa dessas categorias. A estrutura é formal, e dediquei-me a analisar os gestos, a temporalidade, o enquadramento, as fronteiras das coisas, a poesia, a inescrutabilidade de grande parte da linguagem, os padrões que começavam a emergir. O coro, por exemplo, pode cantar: «Naquele dia, estávamos a viajar para sul, até que chegámos à baía das águas prateadas a ondular suavemente ao luar.» Depois, uma personagem pode cantar ou recitar uma parte. Pega na última frase, que tem de repetir no início da cena seguinte, assim: «Lembras-te, junto às águas prateadas a ondular suavemente ao luar, nós...» E por aí fora. Temos então este pequeno e bonito gesto de voltar atrás, pegar no fio com que se estava a costurar antes e prosseguir de outra maneira. Deparamo-nos com esta estratificação composta por experiências e gestos e aspetos performativos distintos que de alguma forma se sobrepõem ou surgem em camadas sobrepostas. A minha ideia era tentar chegar a algo que me permitisse também evitar ter de arranjar um título, pois, se eu disser «*inspirado em noh*», estou a usar uma expressão genérica, abrangente, de modo que, até certo ponto, consigo furtar-me a isso. «*Inspirado em Noh*» desencadeia imediatamente um conjunto de associações.

Mas o fascínio com o teatro *noh* nasceu na sala, quando ia assistir às peças, e depois querer saber mais, conhecer alguns dos atores e ter o privilégio de trabalhar com eles. Tudo por me ter aproximado desse universo e, de certo modo, o ter frequentado. Agora, mantenho uma relação excelente com vários atores que participam nas minhas instalações, especialmente no Japão, embora também noutros locais. No contexto das minhas exposições, tenho trabalhado com músicos e atores *noh*. Espero que, na altura em que sair esta entrevista, estejamos prestes a estrear uma peça *noh* na Casa de Vidro Lina Bo Bardi, em São Paulo. O plano é esse.

in familiarity with those things, a kind of osmosis will come about, and of course I was fascinated to see the look of Japan, the aesthetics of Japan; calligraphy, gardens, some of the more esoteric aspects of folk traditions and the theatre; the difference between kabuki and the Noh theatre and Bunraku, which is the puppet theatre, and partly comes out of Noh, the very earliest form. I did my research and started looking into what these things were, then started going to the theatre to see Noh plays. It was that immersion within the culture of Noh that made me start thinking about how it's written, how it's made, how it's notated and performed. There are five different typologies of play, and every play falls into one of these categories. Structurally, it's formal, and I started looking at gesture, temporality, framing, the borders of things, the poetry, the inscrutability of much of the language, patterns that start emerging. The chorus, for instance, might be singing, 'On that day we travelled south until we reached the bay with the slowly lapping silver waters by moonlight.' Then a character might sing or recite a part. They take the last sentence, which they have to repeat as the beginning sentence of the next one, so they go, 'You remember, by the slowly lapping silver waters by moonlight we...' and then they continue from there. So you have a beautiful little gesture there where it goes back and picks up the thread from where it was sewing before, and then it continues in another way. You encounter these strata of different experiences and gestures and performative aspects that are somehow superimposed or layered on top of each other. I wanted to try and extract something that is also my way of getting out of giving something a title, because if I say '*after Noh*' it's like an umbrella term, so to a certain extent I can get away with it. '*After Noh*', you immediately have this set of associations.

But the fascination with Noh came from going to see the plays, finding out more, meeting some of the actors, and being privileged enough to work with them. It all came about by getting closer to and inhabiting something of that world. Now I have a very good relationship with several actors who perform in the installations that I've done, especially in Japan, but they have also done them in other places. I've worked with Noh musicians and I've worked with Noh actors in the context of my exhibitions. I'm hoping by the time someone is reading this it may well be that we're about to put on a Noh play at Lina Bo Bardi's Glass House in São Paulo. That's the plan.

SM *The idea and processes of translation, citation, appropriation and transposition permeate many of your works. What can you tell us about these processes and the conceptual value they play in your work?*

CWE Not sure I'm able to tell you, because each one has a different trajectory. I stumbled into teaching at the Architectural Association because someone was having a baby and they said, 'You make films; the students will get on well with you.' What was relevant was this Foundation course, the very first students.

SM *A ideia e os processos de tradução, citação, apropriação e transposição permeiam muitas das suas peças. O que nos pode dizer acerca destes processos e do valor conceptual que adquirem no seu trabalho?*

CWE Não sei se lhe consigo responder, porque cada obra segue uma trajetória diferente. Acabei a dar aulas na Architectural Association, porque alguém ia ter um bebé e disseram-me: «Fazes filmes; os alunos vão-se dar bem contigo.» O mais interessante foi o curso propedêutico, os primeiríssimos alunos. São os mais influenciáveis – não têm preconceitos consolidados. O que imaginam ser arquitetura contemporânea é, de uma maneira geral, absolutamente ridículo. Só querem construir casas luxuosas e absurdamente estilizadas. O meu trabalho era desmontar isso tudo. Não com demasiada agressividade; era necessário agir com delicadeza e questionar as suas frágeis certezas. Inventei o conceito de «*cite – site – sight*». Três palavras homófonas, em inglês – ou seja, três coisas que soam exatamente iguais. «*Cite*» é como uma citação, a referência a alguma coisa; depois, temos «*site*» – o sítio, o lugar onde nos encontramos neste momento, as respetivas coordenadas; depois, claro, temos «*sight*» – a faculdade de perceber e ver. Para mim, estas três coisas eram, de algum modo, intercambiáveis; caso trocássemos a ortografia de alguma, teríamos outro conjunto de coordenadas relativamente às tecnologias da subjetividade e localização: onde nos encontrávamos, quais os nossos pontos de referência do ponto de vista de qualquer conhecimento histórico ou de qualquer citação de algo com que, em matéria de educação ou cultura, nos identificássemos. Isto adquire um cariz político. E transforma-se na tirania da biologia. O nosso ADN é uma espécie de «citação»; os vestígios que deixamos, as nossas impressões digitais. Tudo o que tem que ver com o peso do nosso corpo na superfície da Terra, correspondências físicas que se relacionam com esta «citação». E depois, claro, temos a «*sight*», a nossa capacidade de ver, provavelmente um dos sentidos mais elevados numa hierarquia de relações com o mundo sensorial. Há tangentes que se desprendem – uma espécie de textura radicular, um rizoma, e começaríamos a desenhar um mapa em torno disso, se começássemos a examinar a relação entre a visão e a audição e os restantes sentidos. O que significaria ver por meio da audição? Ou o que significaria olhar para o que estávamos a ouvir? O que significaria, então, entrar na citação? Porque escrevemos música de certa maneira? Porque são como são as topologias da cartografia? Porque se recorre a certos princípios para delinear um mapa? O que é a escala? O que é a escala relativamente à temporalidade? O que é a escala relativamente ao lugar? Quais são os instrumentos de medição que temos de aceitar usar para podermos comunicar em termos paralelos?

Há uma extrapolação de domínios – esta noção de «*cite – site – sight*» também contribuiu para todas as distinções que está a fazer durante e à volta do processo de tradução. Mas algumas das categorias que nomeou começam,

They're the most impressionable – they have the softest prejudices. Their idea of contemporary architecture is by and large almost completely ridiculous. What they want to do is build outrageously stylised, luxury houses. It was my job to pull that to pieces. Not being too aggressive; you had to be gentle with them, and you had to interrogate their fragile certainties. I came up with this notion of 'cite – site – sight'. Three homophones, three things that sound exactly the same. 'Cite' is like a citation, it's a quotation from something; then you've got 'site' – the location, the plot where we are now, the coordinates of what this site is; then of course you have 'sight' – the facility of being able to perceive and see. I looked at these as being somehow interchangeable, and so if you were to get the wrong spelling, you would be in a different set of coordinates in relation to the technologies of subjectivity and location, where you were, what your reference points were from the point of view of any historical knowledge or any citation of something that you could, in terms of education or culture, align yourself with. This becomes political. It also becomes the tyranny of the biological. Your DNA is a kind of 'cite'; the traces that you leave, your fingerprints. Many things about the weight that your body makes on the surface of the Earth, all these physical correspondences related to this citation. And then of course, you have your 'sight' as being arguably and potentially one of the highest senses in a hierarchy of relations to the sensual world. Tangents come off from these things – this is a kind of root structure, a rhizome, and you'd start building a map around that when you would start looking at what the relationship was between sight and hearing and the other senses. What would it mean to see by means of hearing, or what would it mean to look at what we were hearing? What would it mean to then go into citation? Why do we write music down in a particular kind of way? Why are the topologies for cartography a certain way? Why is a map drawn according to certain principles? What is scale? What is scale in relation to temporality? What is scale in relation to site? What are the measuring instruments that we have to agree to in order to be able to communicate on parallel terms?

That's gone across the board, that this notion of 'cite – site – sight' has also played a part in all those distinctions that you're making in and around translation. But these categories that you're naming, many of them begin with the prefix trans-, which is about this notion of change or movement from one state to another. Transposition is also interesting because it has something of this 'cite – site – sight' notion about it. If something is transposed it's quite often transposed from one dimension into another.

SM *Most of your sculptural installations are distinguished by their aesthetic refinement; they have a restrained beauty. There is one side that provides aesthetic pleasure, but on the other side, there is a complexity, an erudite one. Is it important for you that the viewer somehow identifies or has an idea of these levels of complexity, and are they absolutely crucial to experience the work?*

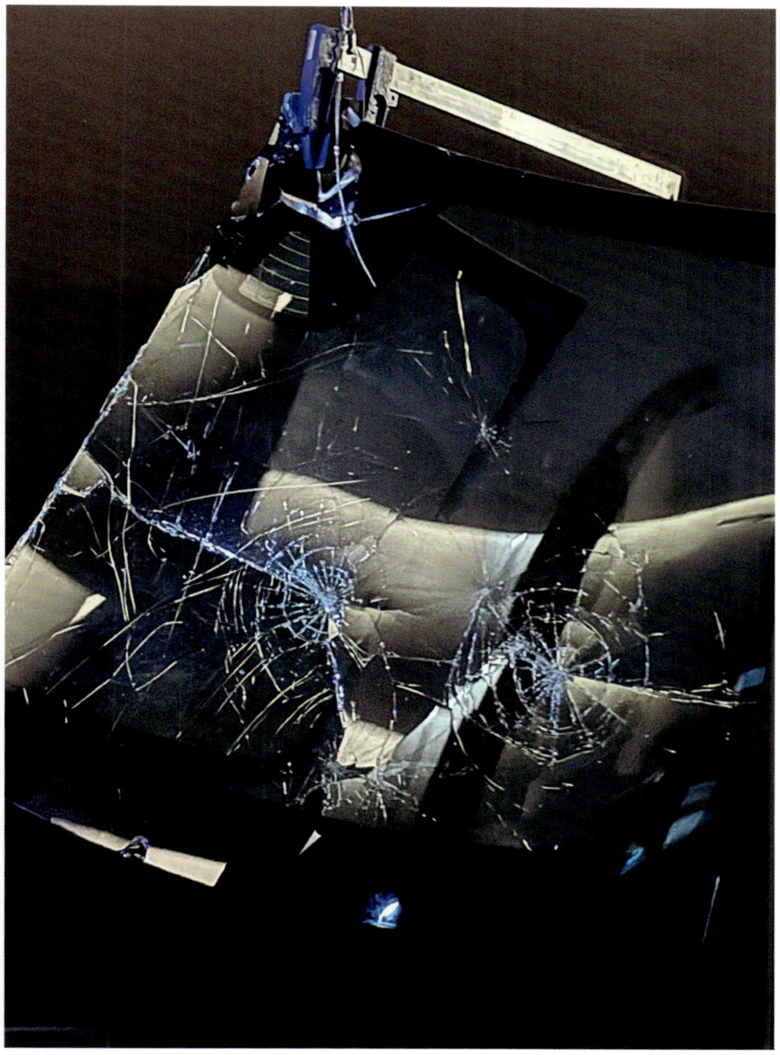

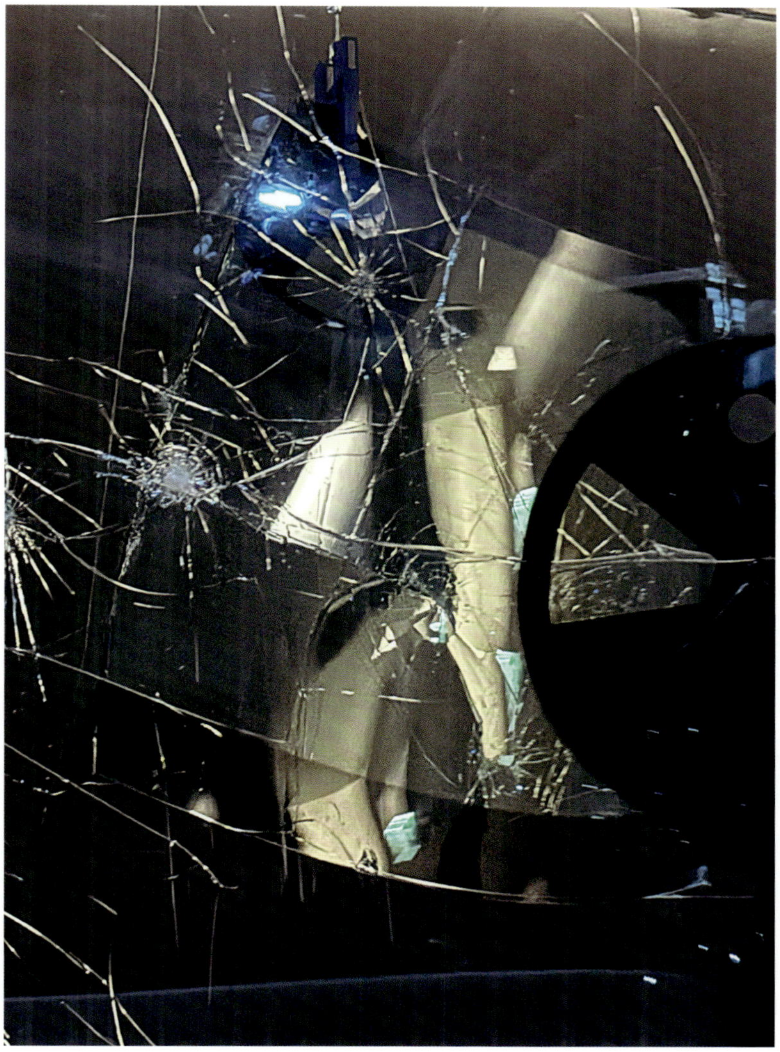

em inglês, com o prefixo trans-, que remete para a ideia de mudança ou passagem de um para outro estado. *Transposição* é igualmente interessante, pois contém qualquer coisa do conceito de «*cite – site – sight*». Quando algo é transposto, é-o frequentemente de uma para outra dimensão.

SM *A maior parte das suas instalações escultóricas distingue-se pelo requinte estético; são de uma beleza contida. Por um lado, proporcionam prazer estético, mas, por outro, transmitem complexidade e erudição. É importante para si que quem vê a sua obra consiga de alguma forma identificar estes níveis de complexidade ou aperceber-se deles? E será isso absolutamente crucial para a experiência da obra?*

CWE Não, não há nada que seja crucial. Não creio que se alcance grande coisa criando expectativas sobre quem vê [a obra]. Não há uma maneira «correta» de apreciar o meu trabalho. Por experiência própria, apercebi-me de que agora, com a Internet na ponta dos dedos, temos um conhecimento do tipo banal e particular, estilo Wikipédia. Podemos pesquisar algo que desconhecemos e ficar a saber por alto o que é. Mas, no que toca a aprofundar o conhecimento, tal como fiz com o teatro *noh*, aí, se gostarmos do que vemos, se for aliciante, se houver encantamento, se realmente nos levar a algum lado, é cativante e progressista… dá-nos segurança.

SM *Gostaria de lhe perguntar sobre uma peça específica que faz parte desta exposição e da qual produziu várias versões:* Composition for Flutes. *É simultaneamente uma escultura e um instrumento de som. Mas é também uma peça com uma ecologia muito peculiar: um dispositivo que aspira ar do ambiente circundante e depois o sopra para o interior de tubos de vidro, produzindo som. Sempre que penso nesta peça, lembro-me das máquinas descritas por Raymond Roussel, em* Locus Solus*: são uma espécie de máquinas que fabricam uma experiência que se pode associar à experiência da arte.*

CWE *Locus Solus* é um pouco como «*cite – site – sight*». *Locus Solus* – o lugar único, o lugar singular; a singularidade, o evento. Para Duchamp, tudo remete a Raymond Roussel. Há um livro fantástico de Michel Foucault sobre Roussel[2] que contém uma frase maravilhosa, a que melhor descreve a minha relação com o néon. Conhece a citação de Foucault? Alterei-a ligeiramente, acrescentando «o gás iluminador». Já a usei várias vezes. «*Le gaz d'éclairage*» é o título que Duchamp deu a uma secção de *Étant donnés*. Parece-me ser também a descrição mais adequada do néon, porque é exatamente o que faz: é um gás; se o atravessarmos com eletricidade, acende-se. A apropriação da citação de Foucault, que se referia especificamente a Raymond Roussel[3] – fiz a colheita e o transplante, mas é isto que diz e já a usei como epigrama: «O gás iluminador impõe sistematicamente uma inquietação informe, divergente, centrífuga, direcionada não ao segredo mais bem guardado, mas ao desdobramento e à transmutação das formas mais visíveis: cada palavra ao mesmo tempo animada e aniquilada, preenchida e esvaziada pela possibilidade de existir um segundo significado – este ou aquele, ou nem um nem outro, mas um terceiro, ou nada.» E eis que surge esta ideia de a palavra ser esvaziada do seu sentido. É como se lhe tivessem drenado o combustível que

CWE No, nothing is crucial. I don't think you achieve very much by making expectations on the viewer. There's no 'correct' way of appreciating the work. I found from my experience that now we have the internet at our fingertips, you have a very banal and particular kind of Wikipedia-like knowledge. You can look something up if you don't know what it is and you can find out a little bit about it. But when it comes to finding out more about things, much as I did with Noh theatre, if you like what you see, if you become attracted to it, if there's an allure to it, if it's actually taking you somewhere, it's captivating and progressive… it enables security.

SM *I would like to ask you about one piece in particular in this exhibition:* Composition for Flutes, *of which you have produced several versions. It's a sculpture, and it's also a sound instrument. But it's also a piece that reveals a very peculiar ecology: a device that sucks air from the surrounding environment, blows it into glass tubes and produces sound. Every time I think about this piece, it reminds me of the machines described by Raymond Roussel in* Locus Solus. *They are somehow machines that fabricate an experience that you can associate with the experience of art.*

CWE *Locus Solus* is a little bit like 'cite – site – sight'. *Locus Solus* – the only place, the singular place; the singularity, the event. For Duchamp, it all comes back to Raymond Roussel. There's an amazing book by Michel Foucault on Raymond Roussel,[2] and it has the most wonderful sentence, which describes more accurately than anything else my relationship to neon. Do you know it, the Foucault quote? I change it a little bit, by putting in 'the illuminating gas'. It's something that I've used several times. 'The Illuminating Gas' is a title that Duchamp gave to a section of *Étant donnés*; it also seems to me to be the most apt description of neon, because that's exactly what it does. It's a gas; you put electricity through it and it lights up. The appropriation of this quote by Foucault, writing specifically about Raymond Roussel;[3] I lift and transpose, but the quote goes like this and I've used it as an epigram on a couple of occasions: 'The illuminating gas systematically imposes a formless anxiety, diverging yet centrifugal, directed not towards the most withheld secrets but towards the imitation and the transmutation of the most visible forms: each word at the same time energised and drained, filled and emptied by the possibility of there being yet another meaning, this one or that one, or neither one nor the other, a third, or none at all.' And so you have this idea of the word being drained of its meaning. It's like it's been emptied of the fuel which allows it to hold meaning, which is language forever shifting and changing and morphing and transmuting. I like the idea of the ecology of that, in that something's being given and something's being taken away. What you have with the transference of energy in relation to the flute is that they're organ pumps. They're sucking the air out of the room in order to blow down the pipes, and then they're returning the air back into the room again, so it acts like a filter. It's a filter that, through the passage

lhe permite ir buscar significado, que é a própria linguagem em constante alteração e mudança e metamorfose e transmutação. Gosto da ideia de ecologia, no sentido de algo ser dado e algo ser retirado. O que acontece com a transferência de energia e a flauta é que são bombas de órgão: aspiram ar da sala para o soprar para o interior dos tubos, e depois devolvem o ar à sala, atuando assim como um filtro. É um filtro que, através da passagem do ar numa trajetória muito singular, produz uma nota, porque essa é a natureza da construção da máquina. Há duas, porém, um pouco como dois pulmões. São como duas gaitas de foles: enchem-se e esvaziam-se. Partilham estrutural e fisicamente muito do ADN – vidro de borossilicato: o néon é feito do mesmo vidro; as flautas são feitas do mesmo vidro. São transparentes. Têm semelhanças no vernáculo, pertencem à mesma forma de linguagem. E, no entanto, existem em mundos paralelos, nos quais há uma certa fricção entre «cite» e «site», porque, afinal de contas, se escrevem de maneira diferente.

SM *Permita-me perguntar-lhe sobre outra peça que é muito importante na nossa exposição:* Formas no Espaço...através da Luz (no Tempo). *Pode falar-me destas duas secções da obra? Por um lado, o labirinto, um desenho intrincado que inclui algumas das* Neon Forms, *e, por outro, os diagramas de* Les Témoins oculistes.

CWE Isso deve-se à natureza da sua primeira iteração, o que está bastante relacionado com a arquitetura das Duveen Galleries, na Tate Britain. É muito frequente que a obra seja descrita como rabiscos de néon. É como uma pessoa a rabiscar numa folha de papel enquanto fala ao telefone, desenhando sem pensar no que está a fazer. Não me importo; gosto da ausência de pensamento. O programa de desenho tem a sua quota-parte de responsabilidade. Tentei perceber o que consegue o *software* fazer e de que forma, quais são os seus parâmetros, os seus limites, até onde se pode ir para alcançar determinada ideia ou objeto. Reparará que, em certas partes, há uma espécie de hesitação, que remete para um híbrido que funde as representações do movimento na pintura futurista italiana e os desenvolvimentos prismáticos do cubismo analítico depois de Paul Cézanne. Aqui estão dois exemplos clássicos de referências da história da arte. Se observar o cão-salsicha em *Dinamismo de um cão com trela*, de Balla, as patinhas parecem rodas e a trela está desfocada. Também há o facto de eu ter olhado para Harold Edgerton, da fotografia estroboscópica, e o ornamento humano de Busby Berkeley. Tudo isto pode, de certa maneira, ser identificado como precedentes formais e estruturais. *Nude Descending a Staircase*, de Duchamp, por exemplo, ou Muybridge – o meu pai devia ter um livro sobre Muybridge. Ver essas coisas; ver movimento. Há uma passagem nesta peça que se repete e também reaparece em S=U=T=R=A, onde surge repetida numa escala menor. É como a refração que ocorre num vidro e algo parece dobrar-se, porque a natureza da luz dá essa impressão. Tomemos como exemplo o livro de Raymond Roussel, *Comment j'ai écrit certains de mes livres*, em que o autor analisa a fórmula extraordinariamente

of the air in a very singular trace, then produces a note because that's the nature of the construction, of the machine. But there are two of them, and it's a bit like two lungs. They're like two bagpipes; they fill and they empty. They hold much of the same DNA structurally, physically – borosilicate glass; neon is made of the same glass, the flutes are made of the same glass. They're transparent. They have something of the same vernacular, they're something within the same kind of language. And yet they exist in parallel worlds where there is a little bit of friction that happens between cite and site, because after all, they are spelt differently.

SM *Let me ask you about another piece which is very important in our exhibition:* Forms in Space...by Light (in Time). *Can you tell me about these two sections of the work? On one side the labyrinth, an intricate drawing that includes some of the* Neon Forms, *and the other, the diagrams of the 'Oculist Witnesses'.*

CWE That really came about because of the nature of its first iteration, and that has much to do with the architecture of the Duveen Galleries at Tate Britain. Very often the work gets described as neon scribbles. It's as if someone is scribbling on a piece of paper while they're on the phone, mindlessly drawing. I don't mind it, I like mindlessness. The drawing programme has to take something of the responsibility here. I was looking at what the software can do, and how, what its parameters are, what its edges are, how far you can push something to achieve a particular figment or article. You'll notice that in certain parts there's a kind of stammering, which relates to a hybrid between the depictions of motion in Italian Futurist painting and the prismatic developments within analytical Cubism after Paul Cézanne. Two classical examples there of art-historical references. If you look at the little dachshund's feet in Balla's *Dynamism of a Dog on a Leash*, where the dog's feet are like wheels, and the lead is going hazy; there's also me having looked at Harold Edgerton, of the strobe photography, me having looked at the human ornament in Busby Berkeley. All these could be pinpointed as formally and structurally some kind of precedents. Duchamp's *Nude Descending a Staircase*, for example, Muybridge – my dad would have had a book on Muybridge. Seeing those things, seeing movement. There's a certain passage in this which is the same repeated, and you also have it appearing again in the *Sutra* piece, where it's repeated at a smaller scale. Like refraction happens in a glass when you have something which bends because the nature of light appears to make it do that. Look at Raymond Roussel's *How I Wrote Certain of My Books*, where he looks at the extraordinarily dense recipe that he has for constructing a sentence: if you follow these rules you end up with a transposition which somehow converts it into code, but the code keeps morphing and keeps changing and isn't reliable. It's a particularly robust code because it's not very clear that one part of the code is behaving in the same way. The virus will mutate, the code's rules will mutate, so there's a kind of

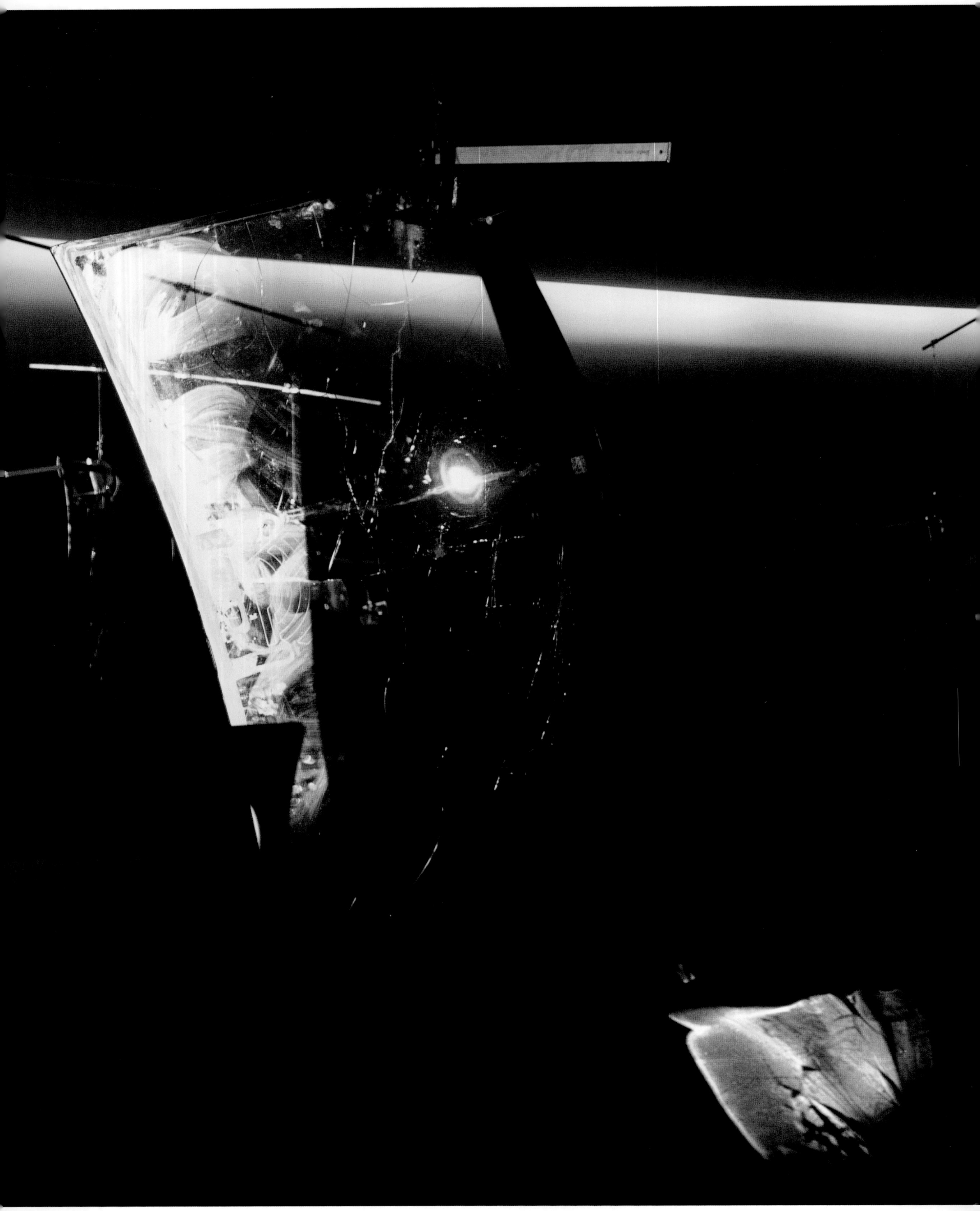

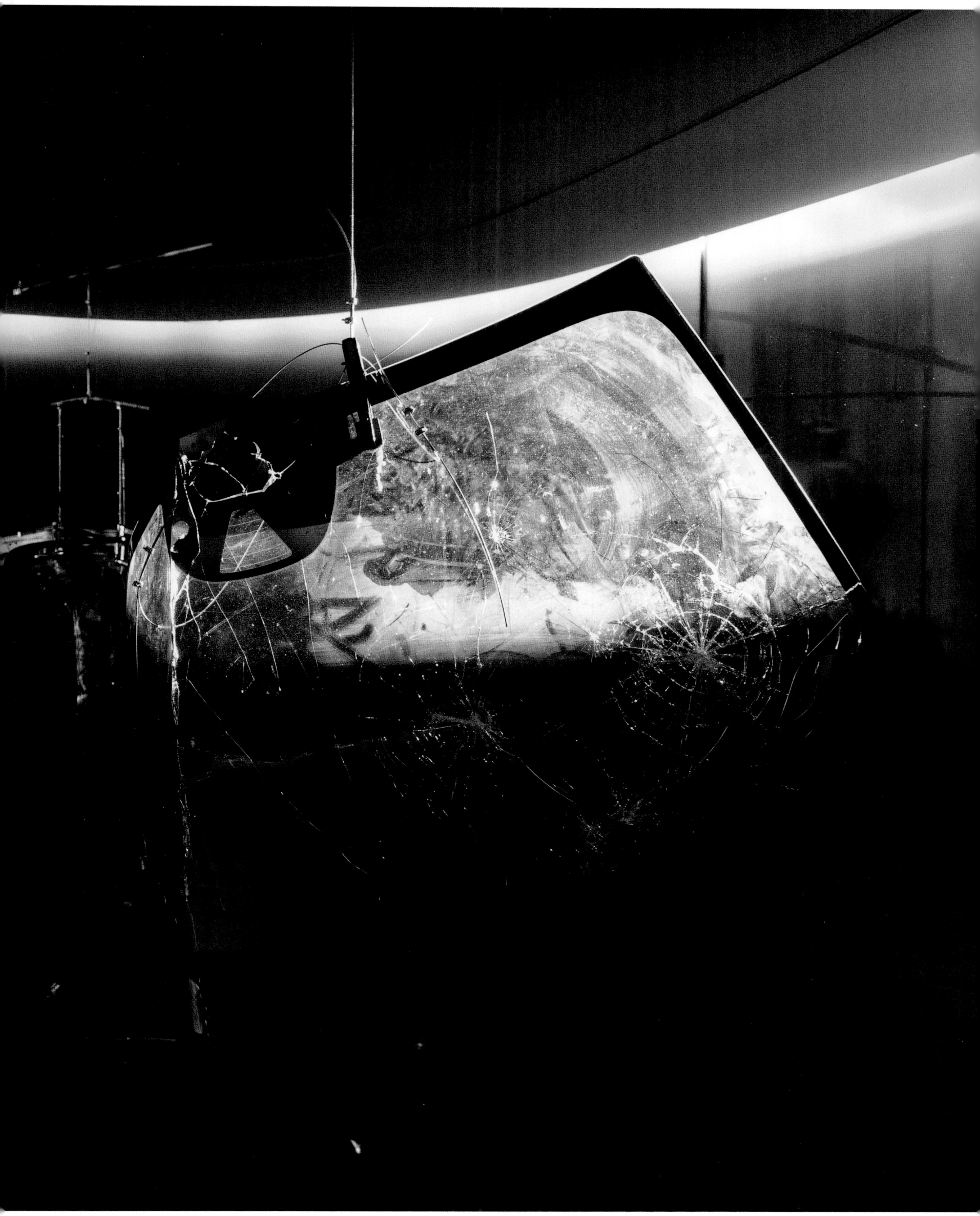

densa que criou para construir uma frase: se seguirmos as regras, acabamos por produzir uma transposição que a converte em código, mas esse código continua a transformar-se e a mudar, e não é fiável. É um código particularmente robusto, porque não é óbvio que uma parte do código se comporte da mesma maneira. O vírus sofre uma mutação, assim como as regras do código. Portanto, há uma espécie de dispersão homeopática que, até certo ponto, constitui uma crítica à matemática, pelo menos uma crítica ao modelo científico que exige que aceitemos que algo tem de ser relativamente estático para que os dados sejam fiáveis e consistentes. Não é assim. Isto trata, especificamente, da pura imanência e inconsistência. Desse ponto de vista, é uma abstração gestual fixada nesse momento. É um pouco como acionar o obturador, o facto de haver uma incidência muito curta de tempo e de congelar nesse mesmo instante. O grande feito aqui, com esta peça e o modo como está montada no MAAT, é que, pela primeira vez, as pessoas podem explorá-la de uma forma fisicamente mais articulada e erudita. Anteriormente, tínhamos o chão, a obra estava instalada no teto e essa era a perspetiva possível. Agora, é como se tivéssemos passado para estereofonia ou múltiplas fontes. A cada passo, gradualmente, todas as formas mudam em relação umas às outras. Cada passo que se dá ao descer a rampa faz com que tudo se mova, um arabesco. Mas não é como se fosse uma série de imagens paradas, porque tudo flui de maneira diferente. O tempo vem na nossa direção, e isso faz-nos ganhar uma noção diferente. Espero que, em certa medida, isso faça com que as pessoas tomem consciência das subtilezas e nuances do ato de perceção, para que não se limitem a atravessar o mundo à pressa, à mercê de tudo o que testemunham.

SM *Temos duas galerias diferentes: a Galeria Oval, com um teto muito alto e uma rampa à volta do perímetro, e sem luz natural; e depois temos a Galeria 1, num formato menos convencional. Esta é significativamente menor em altura e tem uma janela que permite a entrada de luz natural. Contudo, em ambas as galerias, a maneira como se posicionam as várias peças demonstra que a relação entre elas e as suas posições individuais é importante, mas também o são os espaços entre elas. E, portanto, poderíamos dizer que é uma única grande escultura, composta de várias peças, ou então uma grande instalação cenográfica.*

CWE Essa ideia sempre me atraiu. Não estou assim muito interessado em objetos autoconscientes, as coisas bem definidas e delineadas, e é esse o limite da obra. Frequentemente, o mais importante acontece nos intervalos que existem entre as coisas. Há uma citação famosa de Miles Davis, «Toca o que não está lá», que é uma excelente premissa a reter. Do mesmo modo, a disposição espacial relativa de objetos e obras de arte define-se unicamente pelas relações que mantêm uns com os outros. Penso muitas vezes que, numa galeria mais pequena, onde se agrupem objetos numa sala, nos pareça tudo mais uma configuração de câmara, como a música de câmara. É a coletividade dessas coisas que se relacionam,

homeopathic splay, which to a certain extent speaks about a critique of mathematics, certainly a critique of the scientific model where you have to agree on something being relatively static in order for your data to be reliably consistent. This isn't that. This is specifically about pure immanence and inconsistency. From that point of view it's gestural abstraction which is fixed at that point. There is a shutter-like quality to the fact that there's a very small incidence of time and it's frozen there. The great achievement of that here is that for the first time, with this piece installed at MAAT, people are able to explore it in a much more physically articulate and erudite way than they ever have before. Previously there's been a floor, the work's been on the ceiling, and that's the view that you get. Here, it's like something's in stereo or in multiple sources. With each step, incrementally, all the forms in relation to each other shift. Every single step in the process of just walking down the ramp will shift, an arabesque. But you don't look at it as if it's a series of stills because everything flows in a different way. Time comes towards you, and so you have a different sense. I'm hoping in some way that it goes to make people conscious of the subtleties and the nuances of the act of perceiving, so that you're not just rushing through the world at the mercy of everything that you witness.

SM *We have two different galleries here: we have the Oval, with a very high ceiling and a ramp running around the perimeter and no natural light; and then we have the other gallery, Gallery 1, as the less conventional format. It's significantly lower in height and has a window that allows natural light to enter. However, in both galleries, the way you position the several pieces reveals that the relation between them and their separate positions is important, but also the gaps between them. And so, at the end, we could say that it's one big sculpture made of several pieces, or a big scenographic installation.*

CWE I've always been attracted to that. I'm not so interested in self-conscious objects, things having a line drawn around them, and that's the limit of the work. Very often, the things that are the most charged are the intervals in between. Miles Davis famously said, 'Play what's not there,' which is a great thing to bear in mind. The relative placement of objects and artworks within the space is also only defined by the relationships that they have towards each other. I often think that in a smaller gallery, where you have a group of objects in a room, you think of it more like a chamber setting, like chamber music. It's the collectivity of those things in relation to each other, the resonance and the friction that happens between this and that, that lends that communication between the objects a definition… a dynamic.

SM *But also in between them is not just space; there is the sound, there is light, and there is time, and this is everything that's incorporated in the psychical and bodily experience of the visitor.*

CWE If we can somehow allude to that, and if people can find that for themselves, by their own means, however that's arrived at, it is welcome. And I suppose it's promoted by the gist behind the will of the work

a ressonância e a fricção que ocorrem entre isto e aquilo, que revestem a comunicação entre os objetos de uma definição... uma dinâmica.

SM *Mas entre elas não há apenas espaço: há som, há luz e há tempo. E isto está tudo incorporado na experiência física e corporal do visitante.*

CWE Se de algum modo pudermos fazer essa alusão, e se as pessoas conseguirem descobrir isso por si próprias, com os seus próprios meios, seja de que forma for, é positivo. E suponho que o que se espera, principalmente, é que a obra tenha uma intenção generosa, de expandir a mente – de certa maneira, expandir a consciência –, porque grande parte do mundo vai no sentido contrário. Penso que o que tentamos fazer aqui é precisamente o oposto: tornar as pessoas mais recetivas a experiências novas e esclarecedoras. Se há alguma coisa que procuro alcançar, é ajudar as pessoas a improvisar com o mundo.

to be generous and mind-expanding – in a way, consciousness-expanding – because so much of the world is the opposite of that. I think we're trying to do the very opposite here by trying to open people up to fresh and enlightening experiments. If there's one thing that I'm aiming to do, it's to support people in improvising with the world.

1 Escultura de luz estroboscópica de Brion Gysin, concebida em parceria com Ian Sommerville, em 1959: um dispositivo cilíndrico rotativo, perante o qual os participantes estão de olhos fechados e que emite luz pulsante através de uma série de *cut-outs*, com o objetivo de induzir uma atividade cerebral alfa.
2 *Raymond Roussel*, de Michel Foucault, originalmente publicado pela Gallimard em 1963.
3 Ibid.

1 Brion Gysin's stroboscopic light sculpture, conceived in 1959 with Ian Sommerville. A rotating cylindrical device, intended to be experienced with closed eyes, emits flickering light through a series of cut-outs with the aim of inducing an alpha-wave state in participants.
2 *Death and the Labyrinth: The World of Raymond Roussel*, Michel Foucault, first published by Gallimard in 1963.
3 Ibid.

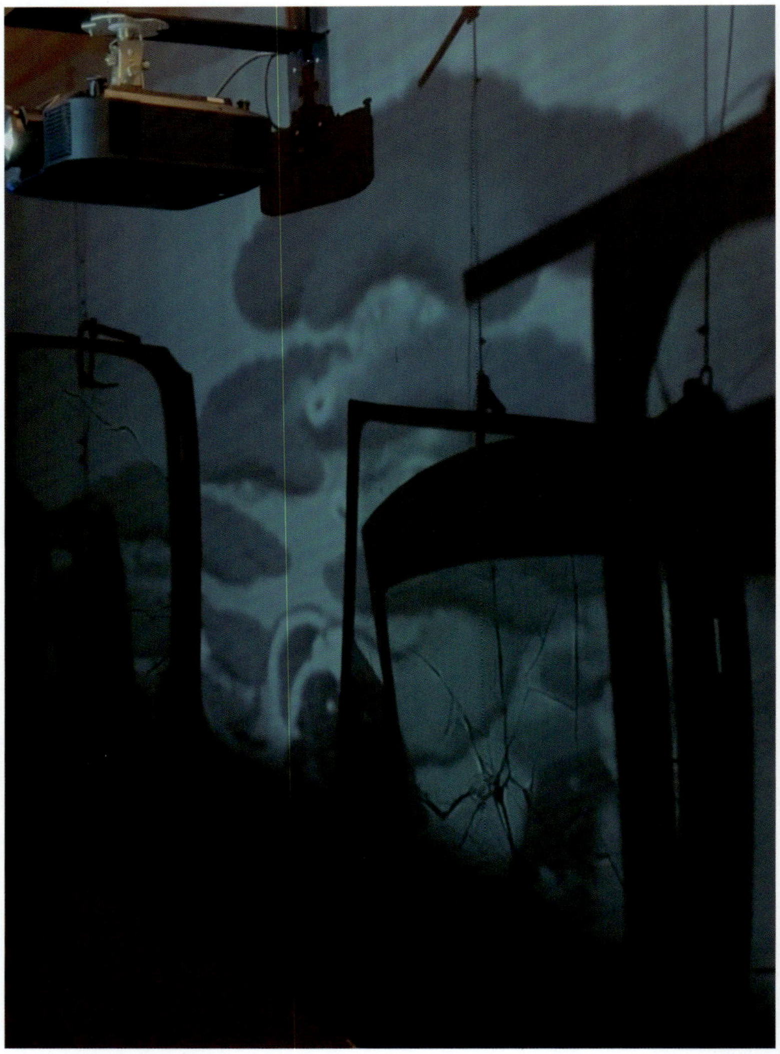

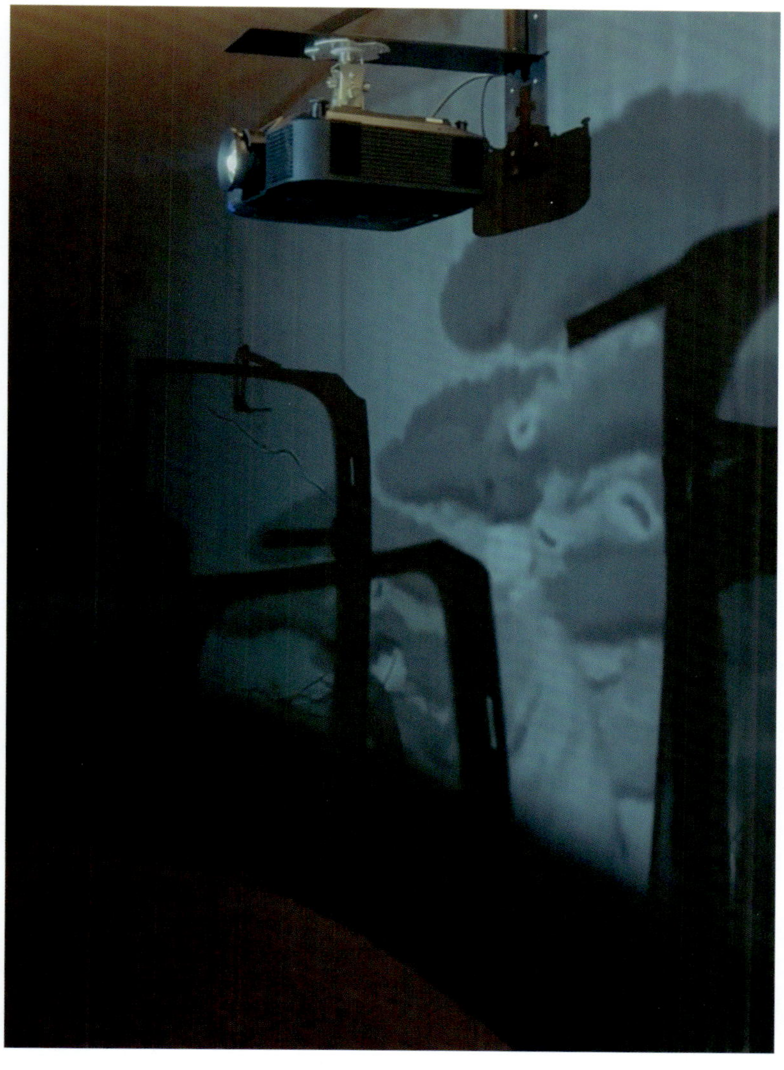
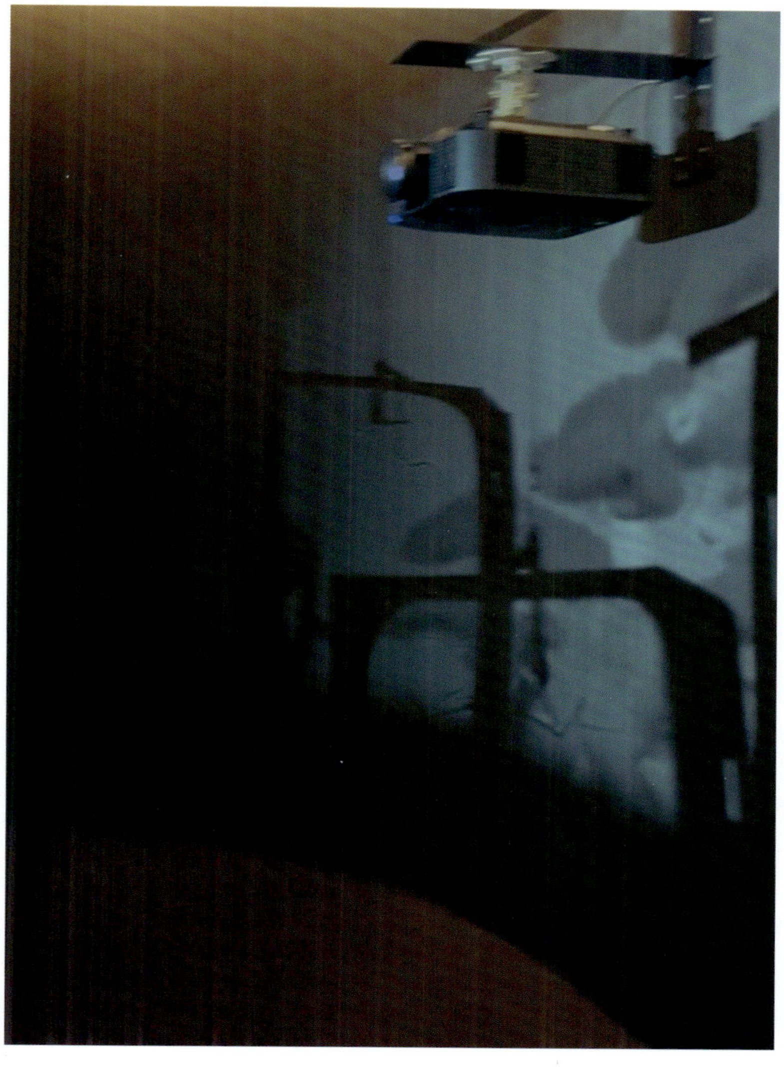

List of works
Lista de obras

In order of appearance /
Por ordem de entrada

Möbius Strip, 2006
'Negative' neon / Néon «negativo»
100 × 50 cm
AP 1/2 / PA 1/2
Courtesy of the artist and / Cortesia
do artista e White Cube
p. 1

Folds…in shade (also light and shade) 5 leaves, 2020
Bronze and glass / Bronze e vidro
172.2 × 348.5 × 41.6 cm
Courtesy of the artist and / Cortesia
do artista e White Cube
pp. 4–5

Folds…in shade (also light and shade) 7 leaves, 2020
Bronze and glass / Bronze e vidro
202.2 × 509.6 × 79.1 cm
Courtesy of the artist and / Cortesia
do artista e White Cube
pp. 4–5

Please Pay Attention Motherfucker, 2006
Taxidermied magpie and tree branch /
Pega-rabuda taxidermizada e ramo
de árvore
Dimensions variable / Dimensões variáveis
Courtesy of the artist and / Cortesia
do artista e Marian Goodman Gallery
Magpie, *Pica pica* Linnaeus 1758; taxidermied
by / Pega-rabuda, *Pica pica* Linnaeus 1758;
taxidermizada por Pedro Andrade, 2025
INV. ULISBOA-MNHNC-MB02.002829
National Museum of Natural History
and Science, University of Lisbon / Museu
Nacional de História Natural e da Ciência,
Universidade de Lisboa
pp. 8–9

Katagami Screen 23, 2015
Paper stencil, mulberry paper, persimmon
lacquer and silk thread, artist frame /
Stencil de papel, papel de amoreira, laca
de dióspiro, fio de seda e moldura de artista
128 × 60.5 × 4 cm
Courtesy of the artist and / Cortesia
do artista e White Cube
p. 12

Katagami Screen 18, 2015
Paper stencil, mulberry paper, persimmon
lacquer, silk thread and artist frame /
Stencil de papel, papel de amoreira, laca
de dióspiro, fio de seda e moldura de artista
138.5 × 64 × 4 cm
Courtesy of the artist and / Cortesia
do artista e White Cube
p. 12

Katagami Screen 12, 2015
Paper stencil, mulberry paper, persimmon
lacquer, silk thread and artist frame /
Stencil de papel, papel de amoreira, laca
de dióspiro, fio de seda e moldura de artista
125.5 × 63.5 × 4 cm
Courtesy of the artist and / Cortesia
do artista e White Cube
p. 12

Katagami Screen 21, 2015
Paper stencil, mulberry paper, persimmon
lacquer, silk thread and artist frame /
Stencil de papel, papel de amoreira, laca
de dióspiro, fio de seda e moldura de artista
125.5 × 62.8 × 4 cm
Courtesy of the artist and / Cortesia
do artista e White Cube
pp. 13, 17

Katagami Screen 9, 2015
Paper stencil, mulberry paper, persimmon
lacquer, silk thread and artist frame /
Stencil de papel, papel de amoreira, laca
de dióspiro, fio de seda e moldura de artista
136.5 × 62.5 × 4 cm
Courtesy of the artist and / Cortesia
do artista e White Cube
p. 13

Composition in Panes (on Reflection), 2017
Low-iron glass, stainless steel, audio
transducers, fixings and a 6-channel audio
player / Vidro de baixo teor de ferro, aço
inoxidável, transdutores áudio, fixadores
e leitor áudio de 6 canais
15 panels / 15 painéis: 112 × 78 × 5 cm each /
cada; height of suspension / altura de
suspensão: 100 cm; overall dimensions
variable / dimensões totais variáveis
Courtesy of the artist and / Cortesia
do artista e Marian Goodman Gallery
p. 20

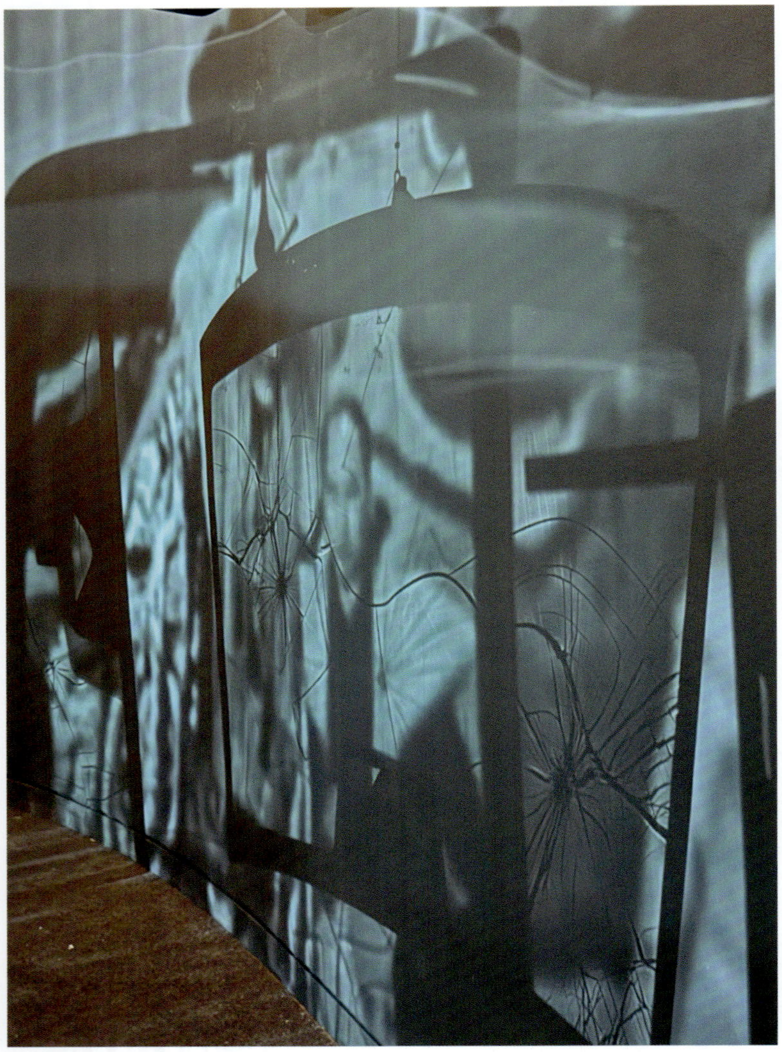

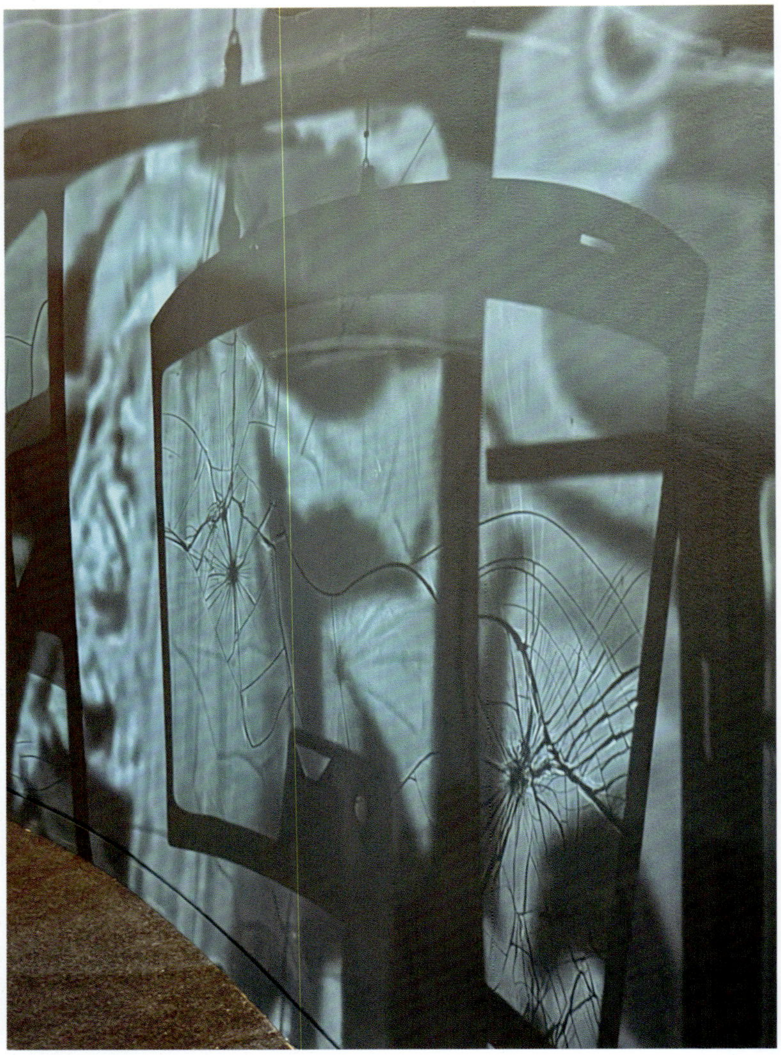

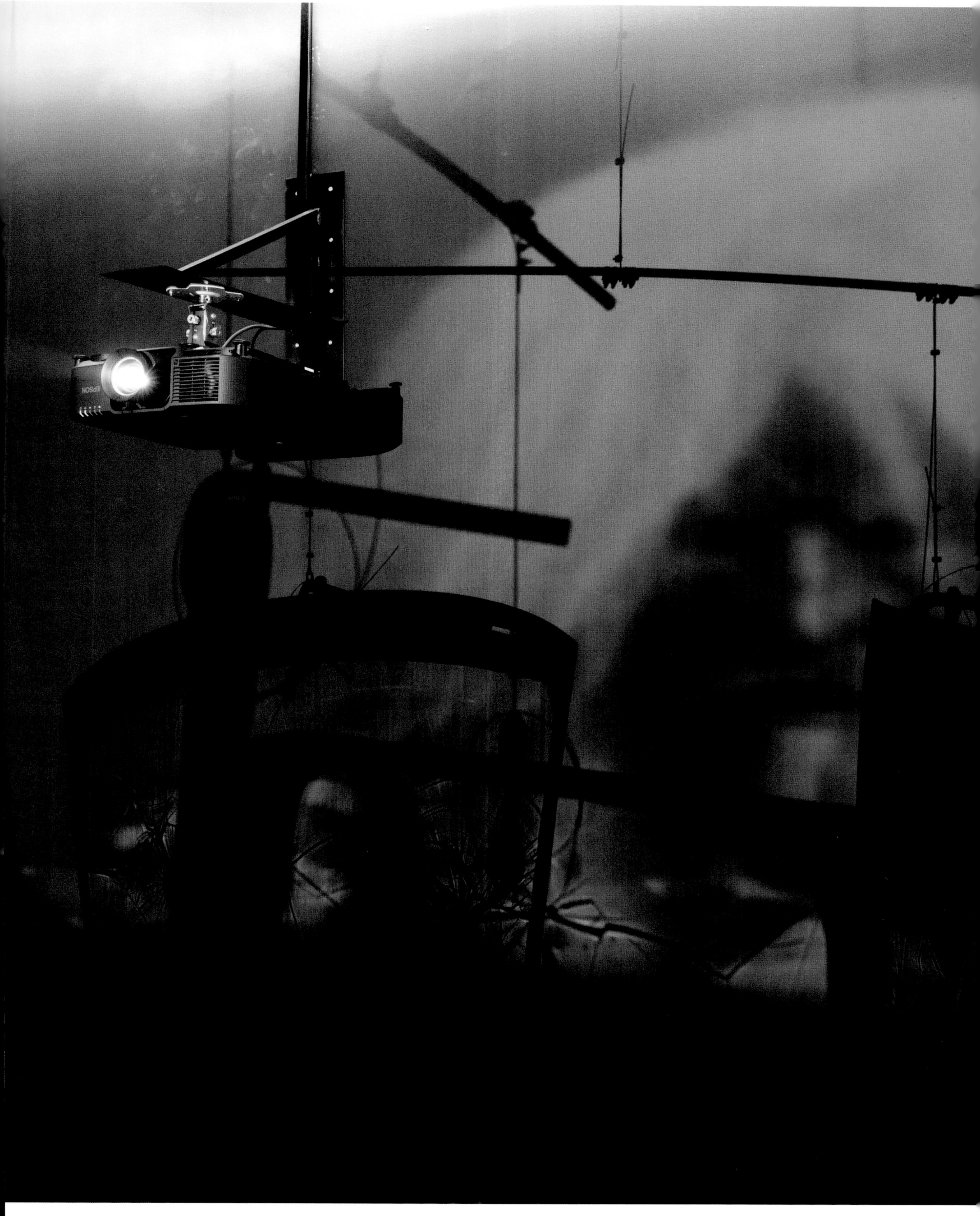
EPSON

Neon after Stella (Seven Steps), 2022
White neon / Néon branco
173 × 129 cm
Edition 1/2 / Edição 1/2
Courtesy of the artist and / Cortesia do artista e Marian Goodman Gallery
p. 24

Neon after Stella (Tomlinson Court Park), 2022
White neon / Néon branco
161 × 218.6 cm
Edition 1/2 / Edição 1/2
Courtesy of the artist and / Cortesia do artista e White Cube
pp. 24–25

Neon after Stella (Arundel Castle), 2022
White neon / Néon branco
256 × 154.6 cm
Edition 1/2 / Edição 1/2
Courtesy of the artist and / Cortesia do artista e Marian Goodman Gallery
p. 25

Neon after Stella (Arundel Castle), 2022
White neon / Néon branco
256 × 154.6 cm
Edition 2/2 / Edição 2/2
Courtesy of the artist and / Cortesia do artista e White Cube
p. 25

Neon after Stella (Club Onyx), 2022
White neon / Néon branco
174 × 129 cm
Edition 1/2 / Edição 1/2
Courtesy of the artist and / Cortesia do artista e Marian Goodman Gallery
p. 25

Neon after Stella (Study for Valle de los Caídos), 2022
White neon / Néon branco
205.5 × 808 cm
Edition 1/1 / Edição 1/1
Courtesy of the artist and / Cortesia do artista e Marian Goodman Gallery
pp. 32–33

Neon after Stella (Marriage of Reason and Squalor), 2022
White neon / Néon branco
186 × 289 cm
Edition 1/1 / Edição 1/1
Courtesy of the artist and / Cortesia do artista e Marian Goodman Gallery
pp. 32–33

Neon after Stella (Clinton Plaza), 2022
White neon / Néon branco
205 × 161 cm
Edition 1/2 / Edição 1/2
Courtesy of the artist and / Cortesia do artista e White Cube
p. 33

Neon after Stella (Die Fahne Hoch!), 2022
White neon / Néon branco
256 × 154.6 cm
Edition 1/2 / Edição 1/2
Courtesy of the artist and / Cortesia do artista e White Cube
p. 33

Decor-Relic (after J. Wall, MAAT), 2025
MDF wall pieces / Pedaços de parede em MDF
224 × 615 × 8 cm
Courtesy of the artist / Cortesia do artista
pp. 40–41, 44–45

Sounding Félix (incarnation MAAT), 2022–25
Gong, transducer, amplifier, telephone, transformers, electrical adaptors, lamps, chairs, Mylar blankets, Plexiglass panels and A-frame utility cart / Gongo, transdutor, amplificador, telefone, transformadores, adaptadores elétricos, lâmpadas, cadeiras, cobertores de Mylar, painéis de acrílico e carro porta-painéis
Dimensions variable / Dimensões variáveis
Courtesy of the artist and / Cortesia do artista e Marian Goodman Gallery
pp. 49, 60

IN GIRUM IMUS NOCTE ET CONSUMIMUR IGNI, 2008
'Negative' neon / Néon «negativo»
19.5 × Ø 185 cm
Edition 1/6 / Edição 1/6
Courtesy of the artist and / Cortesia do artista e White Cube
pp. 61, 64–65

S=U=T=R=A, 2017
Murano glass (chandeliers by Galliano Ferro), dimmer unit and light control system / Vidro de Murano (candelabros por Galliano Ferro), regulador de intensidade e sistema de controlo de luz
250 × Ø 106 cm, 230 × Ø 96.5 cm; overall dimensions variable / dimensões totais variáveis
Courtesy of the artist and / Cortesia do artista e Marian Goodman Gallery
p. 69

StarStarStar/Steer (Transphoton) III, 2019
Metal, glass, LED strips and dimmer unit / Metal, vidro, fitas LED e regulador de intensidade de luz
Dimensions variable / Dimensões variáveis; max. 1950 × Ø 47 cm
Courtesy of the artist / Cortesia do artista, Marian Goodman Gallery and / e White Cube
p. 77

StarStarStar/Steer (Transphoton) VI, 2019
Metal, glass, LED strips and dimmer unit / Metal, vidro, fitas LED e regulador de intensidade de luz
Dimensions variable / Dimensões variáveis; max. 1850 cm × Ø 47 cm
Courtesy of the artist / Cortesia do artista, Marian Goodman Gallery and / e White Cube
p. 77

Forms in Space...by Light (in Time), 2017
White neon / Néon branco
1000 × 1100 × 3100 cm, 350 × 320 × 300 cm, 75 × 75 × 3 cm; overall dimensions variable / dimensões totais variáveis
Courtesy of the artist and / Cortesia do artista e White Cube
pp. 84–85, 88–89, 92

Composition for Flutes, 2017
Crystal, plastic tubes, air unit and valve system / Cristal, plástico, unidade de ar e sistema de válvulas
Various sizes, overall dimensions variable / Várias dimensões, dimensões totais variáveis
Courtesy of the artist and / Cortesia do artista e Marian Goodman Gallery
p. 97

Audio Column (incarnation Lisboa), 2025
Audio spotlight system, amplifier / Sistema de foco sonoro, amplificador
Overall dimensions variable / Dimensões totais variáveis
Courtesy of the artist / Cortesia do artista
pp. 100–101

Phase Shift with projections (after David Tudor) for MAAT, 2025
Mobile, 8 windscreens and video projection / Móbile, 8 para-brisas e projeção vídeo
Dimensions variable / Dimensões variáveis
Courtesy of the artist / Cortesia do artista
pp. 108–109, 117

TIX3, 1994
Neon / Néon
14 × 34 × 2 cm
Courtesy of the artist and / Cortesia do artista e White Cube
p. 125

Shrine, 2017
Black obsidian mirrors / Espelhos de obsidiana preta
Ø 25 × 1 cm, Ø 30.2 × 1 cm, Ø 25 × 1 cm
Courtesy of the artist and / Cortesia do artista e White Cube
p. 128

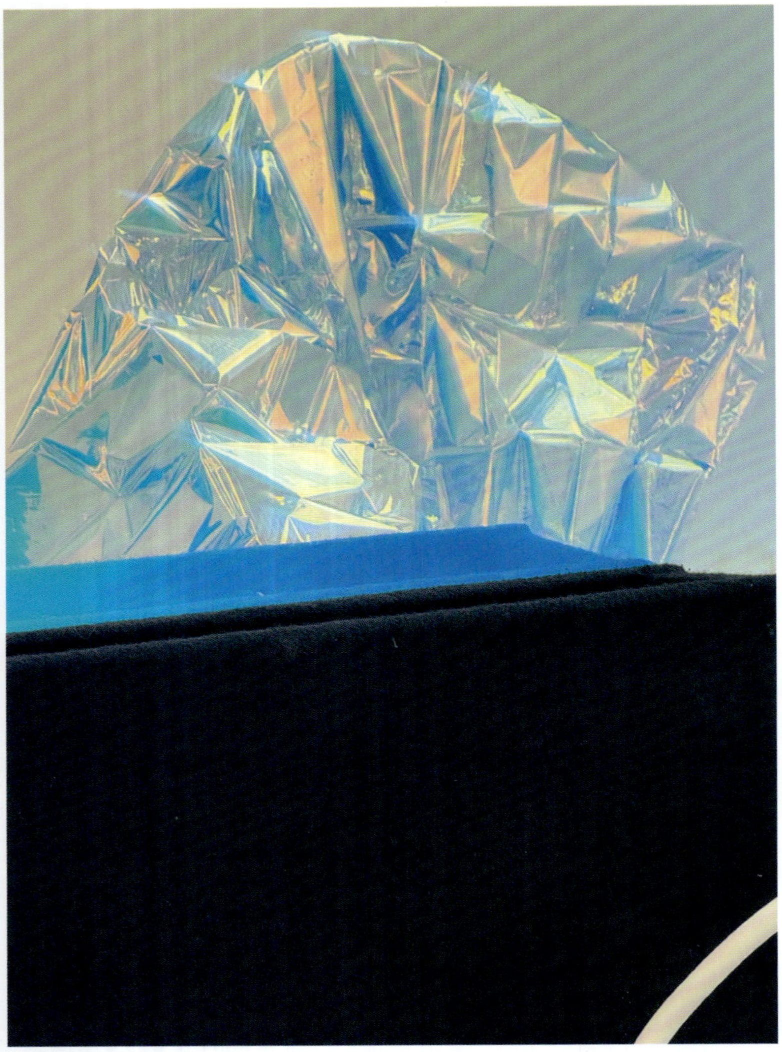

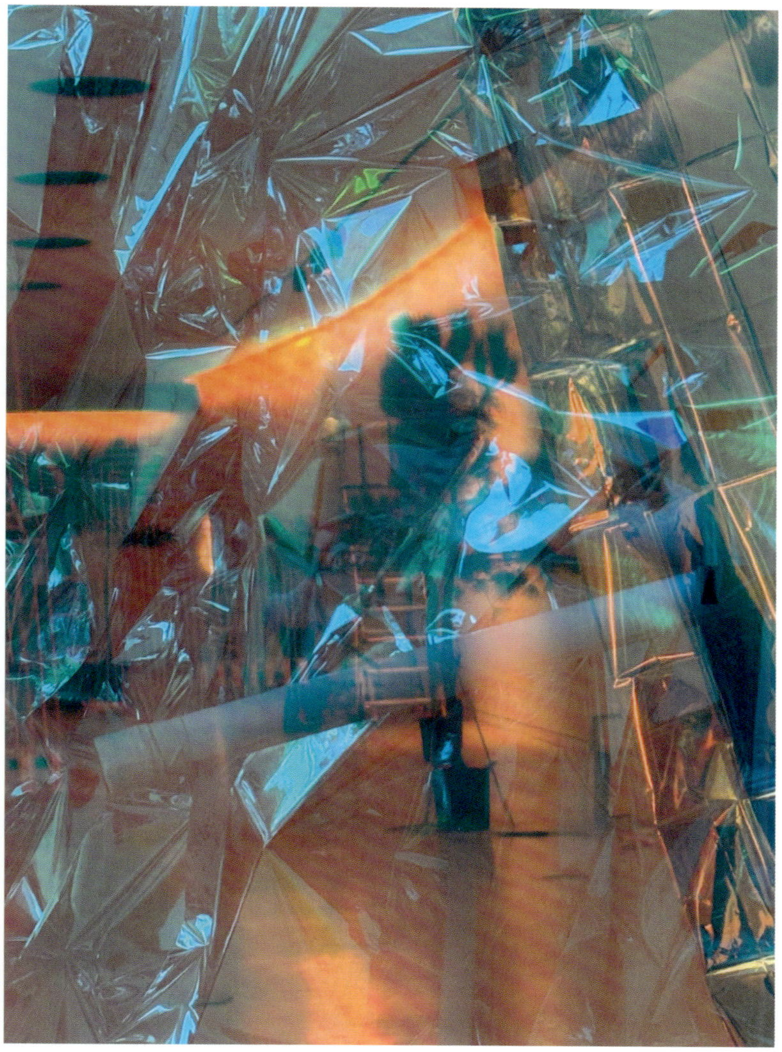
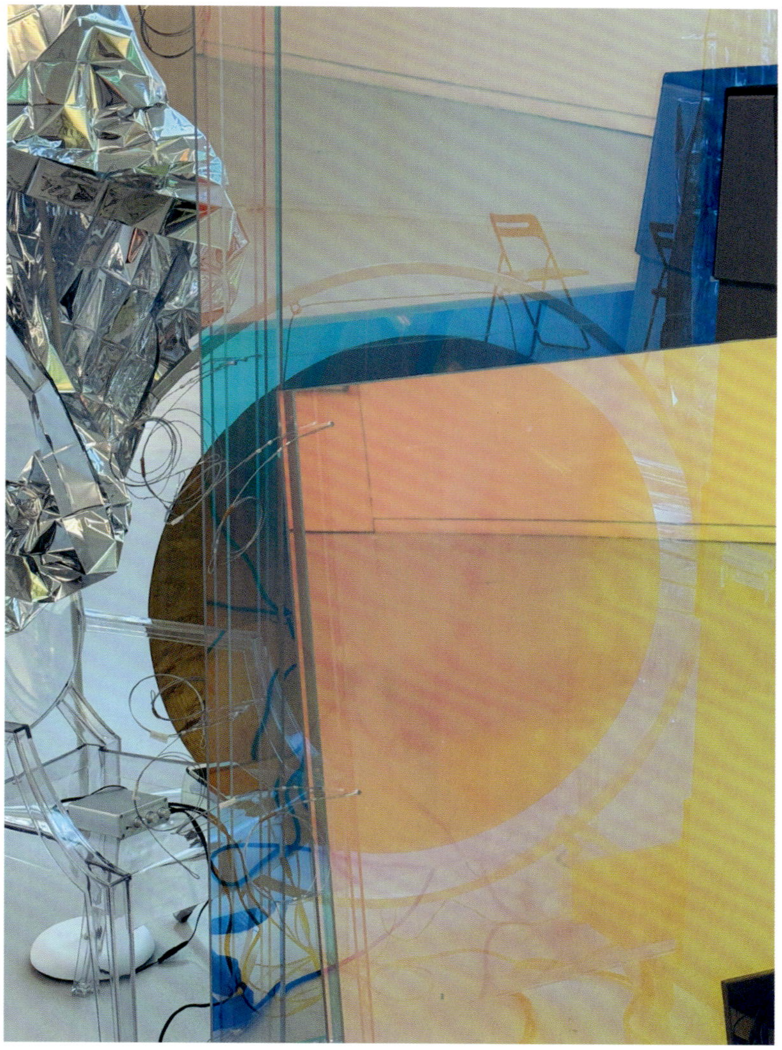

Cerith Wyn Evans (b.1958, Llanelli, Wales) is a London-based artist known for staging exhibitions that upend and elucidate the viewer's perception of reality. Educated at London's Saint Martin's School of Art and Royal College of Art, Evans has exhibited extensively in galleries and institutions worldwide, and his work features in the collections of the Centre Georges Pompidou, Paris; the Museum of Modern Art, New York; and Tate, London, among numerous others. Recent solo exhibitions include *Pompeii Threnody*, the first site-specific exhibition of the 'Pompeii Commitment. Archaeological Matters' programme, near Naples; *.... in light of the visible*, at the Museum of Contemporary Art Australia, Sydney (both 2025); and *Borrowed Light Through Metz*, at the Centre Pompidou-Metz, Metz (2024–25). Evans has participated in multiple editions of the Venice Biennale, and represented Wales for its inaugural national pavilion in 2003. In 2018, Evans was awarded the Hepworth Prize for Sculpture.

Cerith Wyn Evans (n. 1958, Llanelli, País de Gales) é um artista sediado em Londres, reconhecido por apresentar exposições que invertem e iluminam a perceção da realidade por parte do público. Formado na Saint Martin's School of Art e no Royal College of Art, em Londres, Evans expôs amplamente em galerias e instituições por todo o mundo, e o seu trabalho integra as coleções do Centre Georges Pompidou, Paris; do Museum of Modern Art, Nova Iorque; e da Tate, Londres, entre muitas outras. Entre as suas exposições individuais recentes destacam-se *Pompeii Threnody*, a primeira exposição *site-specific* do programa *Pompeii Commitment. Archaeological Matters*, nas proximidades de Nápoles; *.... in light of the visible*, no Museum of Contemporary Art Australia, Sydney (ambas em 2025); e *Borrowed Light Through Metz*, no Centre Pompidou-Metz, Metz (2024–25). Evans participou em múltiplas edições da Bienal de Veneza e representou o País de Gales no seu primeiro pavilhão nacional, em 2003. Em 2018, Evans recebeu o Hepworth Prize for Sculpture.

Sérgio Mah (b.1970, Beira, Mozambique) holds a PhD in Multimedia Art and is a lecturer at the Faculty of Social and Human Sciences of NOVA University Lisbon. His research and writing focus on contemporary art, with a particular emphasis on image-based practices and theories. Since 2003, as a curator, he has organised numerous solo and group exhibitions in both national and international institutions. He was the curator of Portugal's official representation at the 54th Venice Art Biennale (2011) and at the 16th Venice Architecture Biennale (2018). Since 2023 he has been the Deputy Director of MAAT – Museum of Art, Architecture and Technology, Lisbon, where he has curated exhibitions by Vivian Suter, Anthony McCall, Jeff Wall, Miriam Cahn (with João Pihnaranda) and Cerith Wyn Evans.

Sérgio Mah (n. 1970, Beira, Moçambique) é Doutorado em Arte Multimédia e docente na Faculdade de Ciências Sociais e Humanas da Universidade Nova de Lisboa. Tem investigado e escrito sobre temas da arte contemporânea, com especial incidência nos domínios das práticas e teorias da imagem. Desde 2003, enquanto curador, foi responsável por inúmeras exposições individuais e coletivas em instituições nacionais e internacionais. Foi o comissário da representação oficial de Portugal à 54.ª Bienal de Arte de Veneza (2011) e da representação oficial de Portugal à 16.ª Bienal de Arquitetura de Veneza (2018). É desde 2023 o Diretor-adjunto do MAAT – Museu de Arte, Arquitetura e Tecnologia, Lisboa, tendo sido o curador das exposições de Vivian Suter, Anthony McCall, Jeff Wall, Miriam Cahn (com João Pihnaranda) e Cerith Wyn Evans neste museu.

Michael Newman (b.1954, London, England) is a writer and curator who is Professor of Art Writing at Goldsmiths, University of London. He has published numerous essays on modern and contemporary artists, as well as thematic essays combining philosophy and art history on the wound, the horizon, contingency, memory, nonsense and boredom. He was the co-curator with Kate Macfarlane of the exhibition FIGURE/S: *drawing after Bellmer* at the Drawing Room, London (2021). In 2024, he curated a three-part exhibition, including works by Cerith Wyn Evans among others, at Large Glass, London, titled *After Mallarmé*: Part 1, *the page…the place…*; Part 2, *…contingency, the operator…*; Part 3, *…perhaps…a constellation.*

Michael Newman (n. 1954, Londres, Inglaterra) é escritor e curador, professor de Art Writing no Goldsmiths, University of London. Publicou inúmeros ensaios sobre artistas modernos e contemporâneos, bem como textos temáticos que cruzam filosofia e história da arte, abordando questões como a ferida, o horizonte, a contingência, a memória, o absurdo e o tédio. Foi co-curador, juntamente com Kate Macfarlane, da exposição FIGURE/S: *drawing after Bellmer* no Drawing Room, London (2021). Em 2024, comissariou uma exposição tripartida, que incluiu obras de Cerith Wyn Evans, entre outros, na Large Glass, Londres, intitulada *After Mallarmé*: *Part 1, the page…the place…; Part 2, …contingency, the operator…; Part 3, …perhaps…a constellation.*

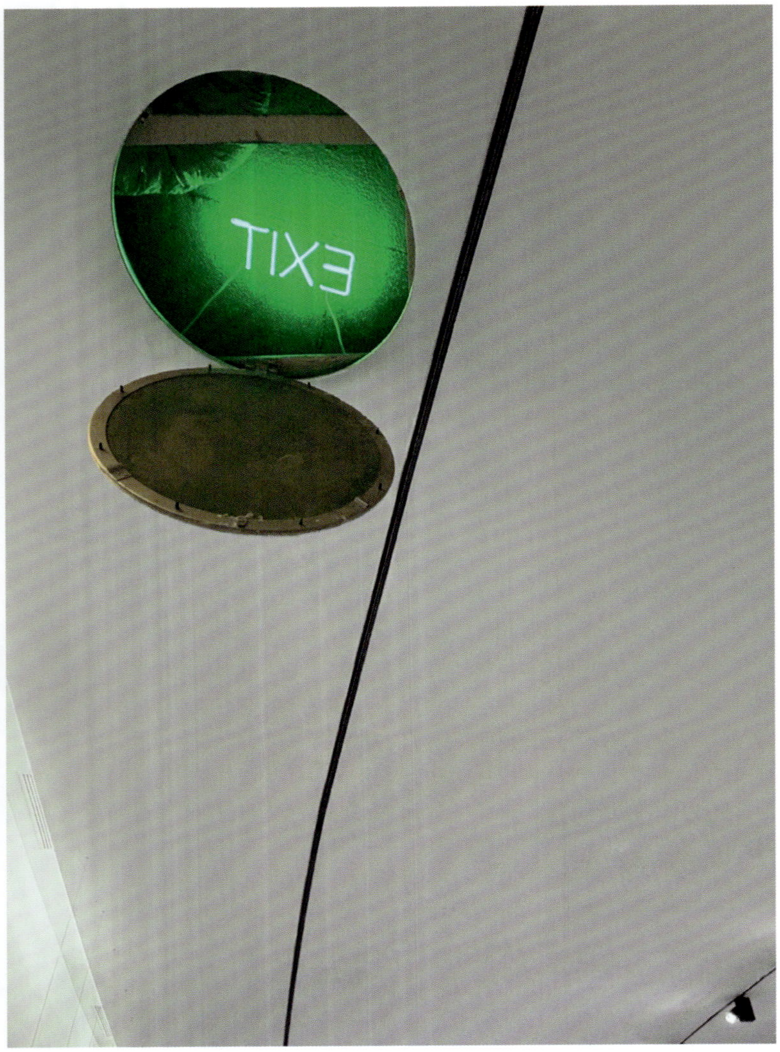

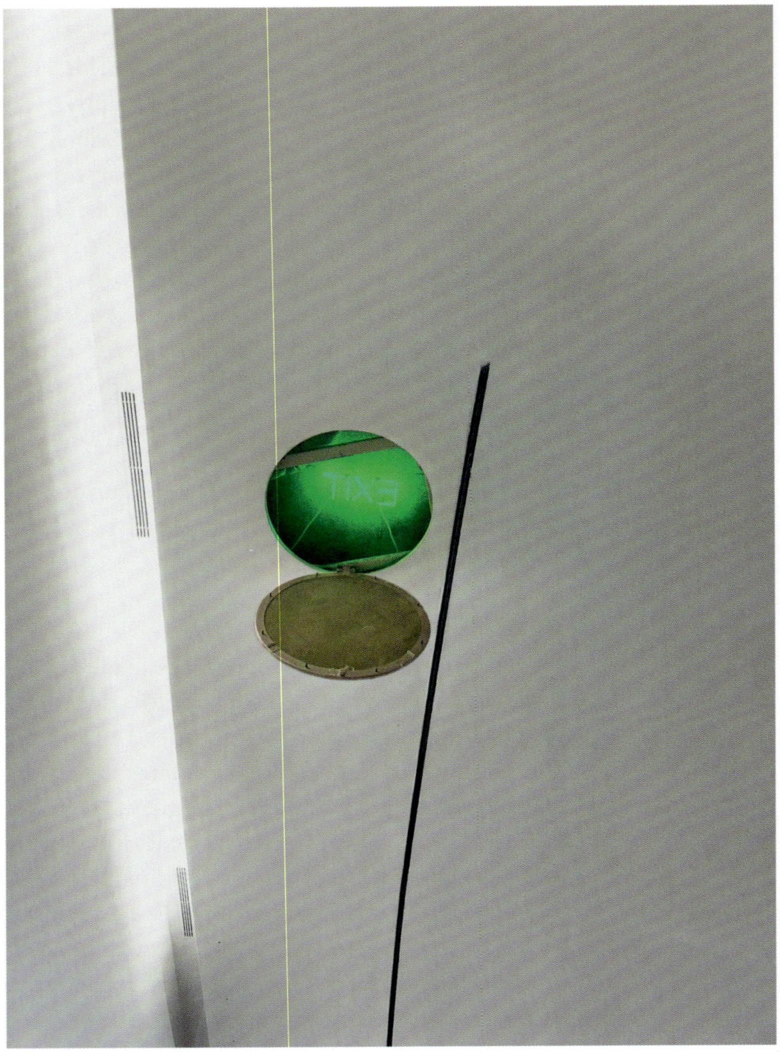

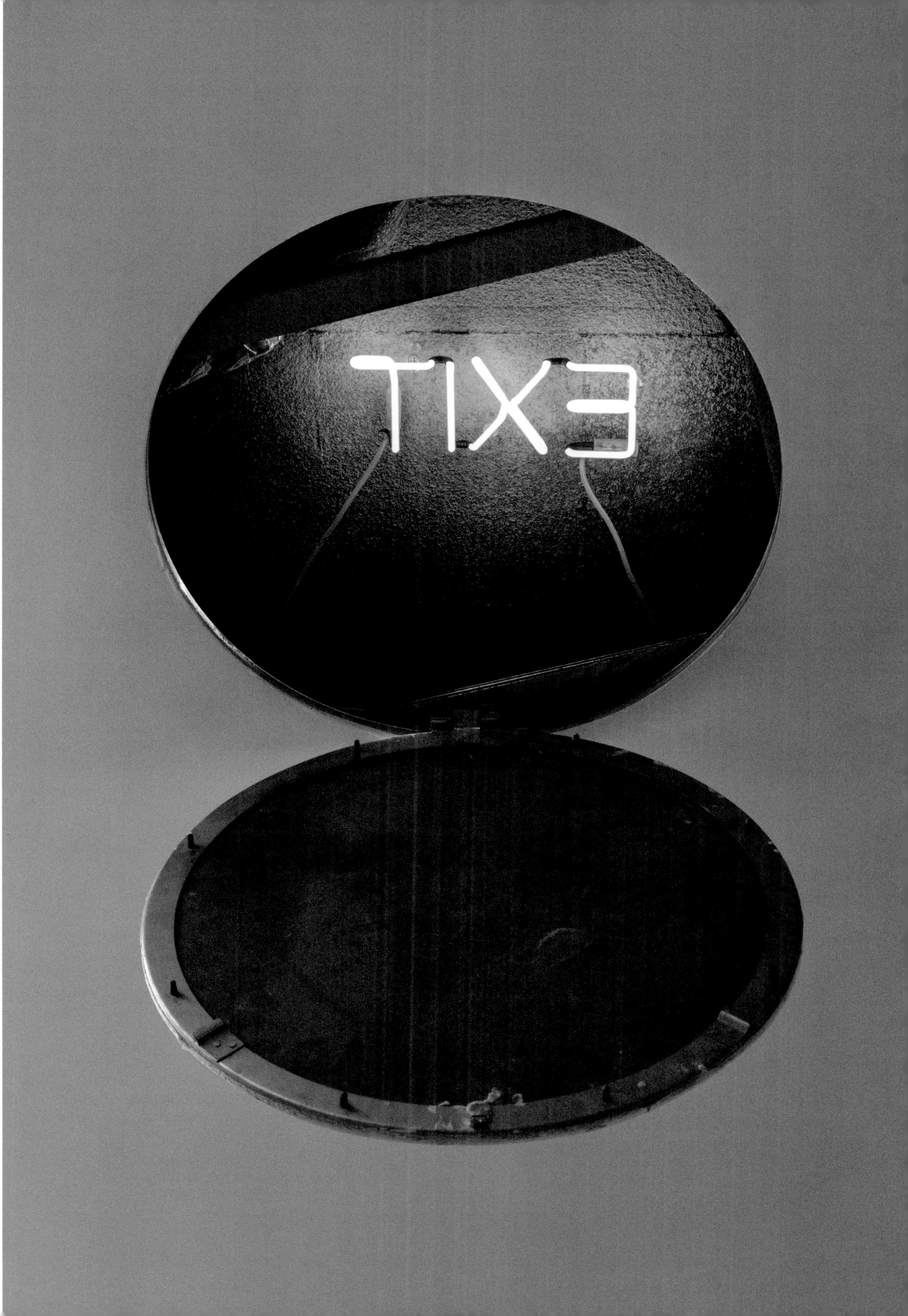
EXIT

Published on the occasion of the exhibition /
Publicado por ocasião da exposição

Cerith Wyn Evans
Forms in Space...through Light (in Time)
Formas no Espaço...através da Luz (no Tempo)
MAAT, Lisboa, 5 October / outubro 2025 – 16 February / fevereiro 2026

Curated by / Curador: Sérgio Mah
Production by / Produção: Ana Fryxell
Installed by / Montagem: Pedro Braga dos Reis; Vert and Go; GGS Productions; Johnathon Titheridge (White Cube); Lukas Galehr (we-make-things)

With the support of / Com o apoio de White Cube

Edited by / Organização: Cerith Wyn Evans; Sérgio Mah (MAAT)
Designed by / Design gráfico: Studio Mathias Clottu
Managing editor / Coordenador editorial: Nuno Ferreira de Carvalho (MAAT)
Project editor / Editora do projeto: Laura Allsop (Hurtwood)
English proofreading / Revisão do inglês: William Lambie
Portuguese proofreading / Revisão do português: Carla da Silva Pereira
Translation / Tradução: Marta Lisboa; Mónia Filipe (Spell)

Reprography and production / Tratamento de imagem e produção: Hurtwood
Exhibition photography / Fotografia da exposição: Bruno Lopes, courtesy of / cortesia de Fundação EDP
Other photos by / Outras fotografias: Cerith Wyn Evans
Printed and bound by / Impressão e encadernação: Druck&Verlag Kettler Gmbh, Germany / Alemanha
First co-published in 2026 by / Primeira edição em 2026: Fundação EDP, Lisboa; Hurtwood Press Ltd, London

HURTWOOD
maat edp Fundação 20

www.maat.pt
www.hurtwood.co.uk

A catalogue record for this title is available from the British Library. / Um registo bibliográfico deste título está disponível na British Library.

ISBN: 978-1-917627-08-5

Cerith Wyn Evans would like to thank / gostaria de agradecer a Stephen Farrer, Pascale Berthier, Sérgio Mah, Sérgio Gato, Ana Fryxell and all at / e a todos no MAAT; Michael Newman, Mathias Clottu, Valérian Charmasson, Johnathon Titheridge, Pedro Melo Alves, White Cube London and / e Marian Goodman Gallery Paris and / e New York.

Cover image:
Phase Shift with projections (after David Tudor) for MAAT, 2025
Mobile, 8 windscreens and video projection /
Móbile, 8 para-brisas e projeção vídeo
Dimensions variable / Dimensões variáveis
Courtesy of the artist / Cortesia do artista

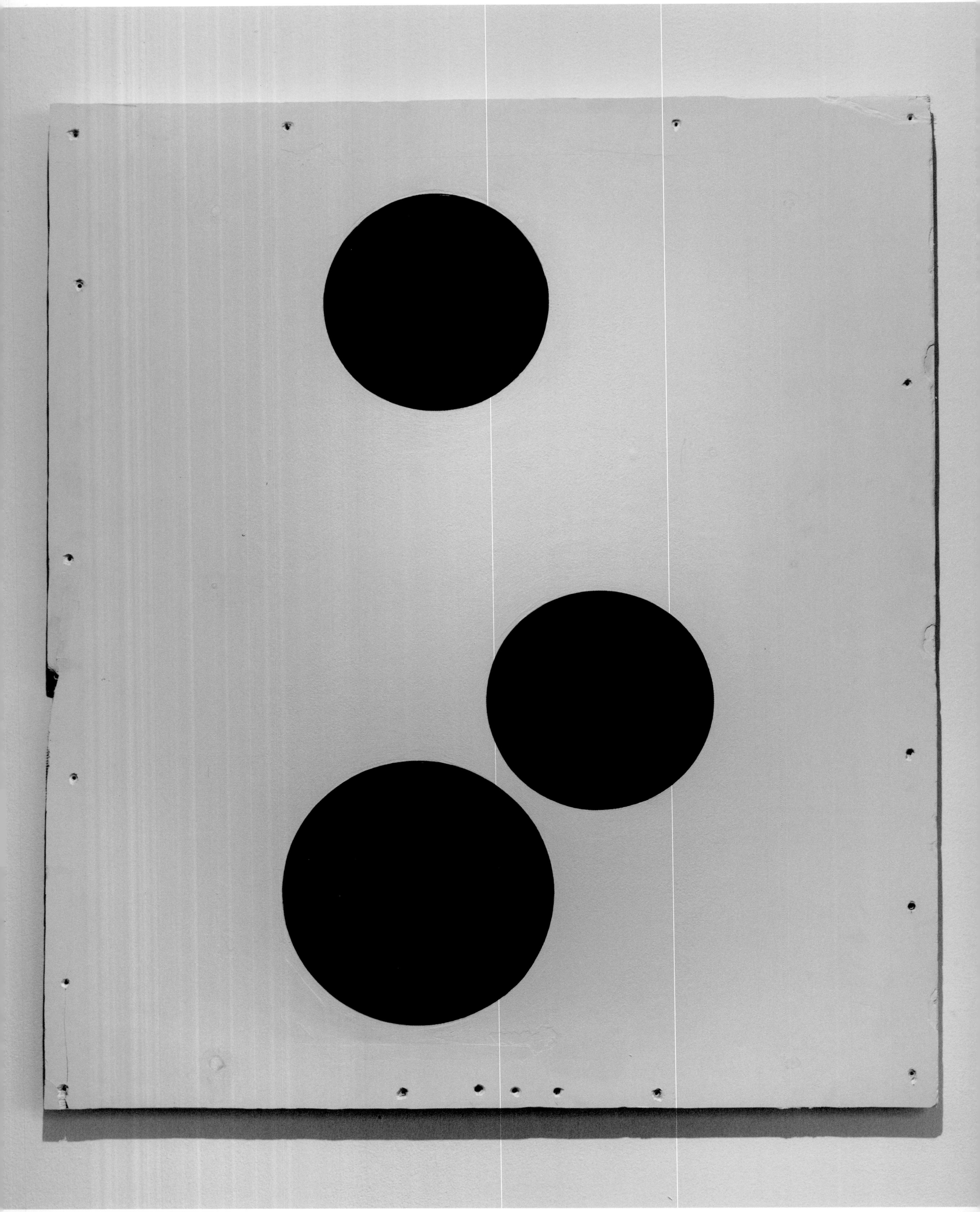